INTELIGENCIA ARTIFICIAL. ¿DESIGUALDAD EXTREMA, CAOS O UN MUNDO MEJOR?

Rodrigo García-Golmar

CONTENTS

INTRODUCCIÓN

Esta obra busca avanzar el posible impacto del conjunto de tecnologías que conforman la IA en el devenir del mundo, desde el prisma de las ciencias sociales.

Contribuyendo al debate, exponiendo las fallas del presente, y ofreciendo soluciones para una mejor regulación de nuestro futuro inmediato.

Sin pretender un análisis tecnológico, aunque evaluará las tendencias y posibles escenarios en la evolución de la Inteligencia Artificial (IA), apoyándose en expertos cualificados en la materia.

Porque estamos en el albor de una nueva era que, probablemente, definirá el destino de la humanidad, y como en todo cambio de época ni somos conscientes, ni estamos preparados.

Un tiempo termina y otro nace, sin casi darnos cuenta. Una mudanza – o floración, pues somos naturaleza –, que ya se siente en calles y campos del planeta, pues su germen estructural arrastra desde hace décadas.

En efecto, en muchos lugares, el diseño del pasado reciente ha hecho que el presente ahogue: bolsillos vacíos, poder adquisitivo menguante, especulación sin freno e inflación que, por definición, sufren los de siempre, sin intervención gubernamental más allá de subvenciones – impositivas o contantes – que favorecen a los que tienen gran responsabilidad en las alzas de precios, con su control oligopolista, junto a los reguladores.

Con jóvenes sin trabajo o condenados a la precariedad, perjuicio a las clases medias, que fueran la conquista del siglo XX, hoy carecen de expectativas, y tienen dificultades para llegar a fin de mes.

En la era de la interconexión global, sin vuelta atrás, parece que también se quiere enterrar la globalización, por razones políticas tan defectuosas como su concepción.

Todo, con Estados ahogados por el déficit público – y el militarismo de vuelta –, y una economía mundial que sirve al privilegio, a través de la alfombra roja a los oligopolios, que concentran el comercio y la industria de manera creciente, su elusión y evasión fiscal, a través de los paraísos fiscales y la planificación fiscal internacional, y la ausencia de un derecho laboral, siquiera mínimo, que salvaguarde derechos universales básicos de los trabajadores, que garanticen el derecho a vivir. Una ausencia que a su vez mina aquellos logrados en siglos de conquistas sociales, allí donde los hay, que habían sido mantenidos por el grueso de las fuerzas políticas desde la segunda guerra mundial, hoy en camino de ser destrenzados.

Mientras, un nuevo progreso técnico, revolucionario y definitorio, va a sacudir como ningún otro antes la estructura social: la Inteligencia Artificial.

¿Por qué debemos preocuparnos? Porque el problema somos nosotros, no las máquinas, y porque es probable que casi nada de lo que tenemos sirva para afrontar el reto, a nivel de organización política y social; nacional e internacional.

Pues, ¿estamos preparados para gestionar lo que estamos creando? ¿Programar y utilizar, correctamente, máquinas de alcance transnacional, que podrán recoger todo el conocimiento existente, aprender sobre él por sí solas, y a su vez programar otras máquinas, o a sí mismas, sin intervención humana? ¿Ingenios que, además, podrían permitir un mundo orwelliano, de caos y desigualdad extrema, e incluso destruirnos?

Porque, al tiempo, aún seguimos en la fase de arrojarnos piedras los unos a los otros, con pobre excusa. La guerra continúa, amenaza de la humanidad.

Cuando escribo estas letras, Ucrania se desangra. Si seguimos la lógica de la locura violenta, esa que llevó a Putin a invadir Ucrania basándose en mitos de un pasado elegido tendenciosamente, y en violación del derecho internacional y la sensatez (la misma que se había ausentado en la pretensión de incluir a Ucrania en la OTAN, en lugar de crear un anillo neutral del Báltico a Centroasia, con garantías de seguridad), vemos un frente donde EE.UU. evita – sin poner un muerto propio – confrontar dos escenarios de conflicto bélico a la vez, en Europa del Este y el Pacífico, que no podría afrontar. Con Taiwán como eje del choque de trenes, para bloquear a China. Entre una pretensión de dominio americana-inglesa que hace tiempo se sacó la careta y pretende arrastrar a Europa a su pugna en Asia. Una Europa que paga las consecuencias, en acontecimientos que pueden involucrarla, sin razón de fondo, y con una gran parte del mundo subyugado. Frente a una China laboriosa que también crece en totalitarismo, pero que quizá solo persiga lo que siempre soñó: vivir mejor, estable detrás de su "Gran Muralla", esta vez tecnológica y de visados, para protegerse de los "bárbaros".

Esto es, la cueva, nuestros peores instintos sin domeñar, frente al humanismo y el progreso. ¿Podremos lograr su sumisión, o al menos control, con la "ayuda" de una inteligencia "artificial" que, desde la frialdad tecnológica, consiga modular lo que también ha sido nuestra genética de violencia y rapiña? De nosotros depende, pues seremos sus programadores. Y, como el último informe sobre inteligencia artificial de la Universidad de Stanford[1] sostiene, más que nunca es precisa la comunión entre filósofos, juristas – en general, las ciencias sociales – y los ingenieros y programadores que elevarán el futuro.

Asegurar unas bases éticas firmes, construyendo sobre bases formales que ya tenemos, aprobadas por casi la totalidad de la humanidad: la Declaración Universal de los Derechos del Hombre, y el resto de convenciones de derechos humanos de Naciones Unidas, junto a los nuevos pensadores que diseñan, con titubeos, un nuevo *corpus iuris* universal: por ejemplo, el derecho a comer y beber agua limpia, a tener un techo, saneamiento, educación, sanidad universal y cuidado, calor frente al frío – posibilitado por el anuncio científico estadounidense de que la energía de fusión es posible –, una ecología saludable, solidaridad frente a los desastres, y erradicar el derecho a la guerra y los ejércitos nacionales. Asegurar que la economía sirve funciones sociales, recuperando el concepto de "función social de la propiedad", que el advenimiento de la Inteligencia Artificial hará imprescindible, salvo que queramos enfrentar una jungla.

Con un *corpus iuris* de todos y para todos, pues el ser humano ya no es un ente aislado en su valle, pueblo, ciudad o país, para poder controlar medios técnicos – su evolución – que también podrían eliminarnos o esclavizarnos.

Soñar, elevándose más allá de nuestro presente, como tantos pensadores hicieron antes que nosotros, pues todo apunta que la Inteligencia Artificial permitirá hacerlo realidad.

Con ese objeto, este opúsculo buscará una prosa accesible, para contribuir a un debate que no solo es necesario, sino de todos.

Con una perspectiva no técnica, sino desde las ciencias sociales. Por tanto, con un ojo puesto en la justicia y la convivencia, buscando combatir la pobreza y la extensión sin cese de la desigualdad. Porque la Inteligencia Artificial tiene el potencial de concentrar la riqueza de forma extrema, si nada cambia. Y porque al cabo la tecnología versa sobre nosotros, y debería seguir siendo así.

Viajemos pues las fascinantes posibilidades que la Inteligencia Artificial traerá, en el mundo a venir, con todas sus preguntas, panaceas, y alguna angustia.

LA NUEVA ERA DE LA INTELIGENCIA ARTIFICIAL

La Inteligencia Artificial (IA) trae una nueva era, y las mentes más preclaras coinciden en que entraña riesgos exponenciales, de no controlarse. Porque la Inteligencia Artificial está aquí y, como en todo cambio de ciclo histórico, solo ciertas élites se preocupan por su impacto. Sea para modelar sus efectos o para desarrollar la tecnología; por interés económico, científico, o de poder. Es importante, vital, pero ¿ha visto análisis y preocupación en consonancia en el mundo de habla hispana, sea en los medios, la academia, los intelectuales, o impulsados desde la política?

Mientras, 2.5 quintillones de bytes de datos se generan cada día,[2] y la cifra crece exponencial. ¿Quién puede orientarse en semejante maraña, si solo vemos la primera página de resultados de Google? La Inteligencia Artificial podrá. Y no solo se orientará, sino que contendrá toda esa información, podrá establecer los ligámenes que sea preciso, para lograr sus objetivos, y a priori escalará ese conocimiento, mediante el autoaprendizaje "profundo", llegando a *terra incognita*. Por encima de nosotros.

¿Qué es la Inteligencia Artificial? Puede definirse como la habilidad de un sistema para interpretar correctamente datos externos, aprender de ellos, y usar ese conocimiento para lograr objetivos y tareas específicos, mediante una adaptación flexible.

El "aprendizaje de máquinas" es una técnica de rápido avance dentro de la IA. Una sub-área basada en gran medida en reconocimiento de patrones, que describe métodos para ayudar a los ordenadores a aprender, sin estar explícitamente programada para hacerlo.[3]

El "aprendizaje profundo" es una técnica de aprendizaje de máquinas que usa modelos computacionales que exhiben características similares a la información jerárquica procesada en el cerebro humano.[4] Esta técnica es parcialmente responsable del incremento potencial del aprendizaje de algoritmos en máquinas, y ha contribuido de forma notoria al reciente impulso investigador en IA.[5]

En marzo de 2018, Elon Musk, creador de Tesla y controvertido empresario que adquirió Twitter, advirtió que "la Inteligencia Artificial era de lejos más peligrosa que las bombas nucleares." Añadió que, si la Inteligencia Artificial sale mal, y el 95% de los humanos son exterminados, entonces el otro 5% también se extinguirían pronto. Para concluir, declaró que estaba muy cercano a la vanguardia en IA, y que "lo asustaba como el infierno; pues es vastamente capaz de más cosas que nadie puede prever, y su posibilidad de crecimiento es exponencial"[6].

Con otro tono, pero preocupación similar, alguien tan cualificado como el físico Stephen Hawking avisó, poco antes de morir, que el impacto de la Inteligencia Artificial podría ser un cataclismo, si su rápida evolución no se somete a un estricto control ético. Hawking previno que, "a menos que aprendamos a prepararnos, y evitar sus riesgos potenciales, la Inteligencia Artificial podría ser el peor evento en la historia de nuestra civilización."

Anticipó que, si la propia Inteligencia Artificial comienza a diseñarse a sí misma mejor que los programadores humanos, el resultado podría ser "máquinas que nos exceden tanto como nosotros excedemos a los caracoles."

Algo aún lejano, pero lejano en IA significa decenios.

¿Cómo podría suceder lo que preocupa a estas mentes preclaras? El científico cognitivo Gary Marcus ofreció una sinopsis en un ensayo publicado en 2013 – hace una eternidad en Inteligencia Artificial – en New Yorker.[7] Un artículo que refleja no pocas preguntas clave inherentes a la Inteligencia Artificial, que vale la pena desarrollar. Para él, cuánto más inteligentes sean las máquinas, mayor número de objetivos podrán lograr.

Marcus, pese a constatar el frenético desarrollo de la Inteligencia Artificial, modeló el entusiasmo, afirmando que "todavía no tenemos máquinas con sentido común, visión, procesamiento natural de lenguaje, o habilidad para crear otras máquinas. Nuestros esfuerzos para estimular directamente cerebros humanos permanecen primitivos. Sin embargo, la única diferencia real entre entusiastas y escépticos es el tiempo. [...] El futurista e inventor Ray Kurzweil estima que la Inteligencia Artificial a nivel humano estará con nosotros en menos de dos décadas. Mi estimación es que nos tomará, al menos, el doble de ese periodo [...]. Pero en un siglo a nadie le importará cuánto llevó, sino solo qué vendrá después. Es probable que las máquinas sean más inteligentes que nosotros al final de la centuria, no solo en ajedrez o responder cuestiones triviales, sino *en todos los aspectos*; desde matemáticas e ingeniería, a ciencia y medicina. Podrían quedar algunos trabajos para entretenimiento, escritores, u otros creativos, pero los ordenadores serán finalmente capaces de auto programarse, absorber vastas cantidades de información nueva, y razonar en formas que nosotros apenas podemos imaginar. Y serán capaces de hacerlo cada segundo del día, sin dormir o pausas para café.

Para algunas personas, el futuro que nos aguarda es maravilloso. Kurzweil ha escrito sobre una rupturista singularidad (evolutiva) en la cual nos fusionaríamos con las máquinas, y subiríamos a ellas (*upload*) nuestras almas para la inmortalidad. Peter

Diamandis ha argumentado que los avances en Inteligencia Artificial serán la llave que desencadenará una nueva era de abundancia, con suficiente comida, agua, y objetos de consumo para todos. A escépticos como Eric Brynjolfsson y yo mismo nos preocupan las consecuencias de la IA y la robótica para el empleo. Pero incluso si pones de lado esas preocupaciones, hay otra más: que una poderosa IA pudiese amenazarnos más directamente, batallando con nosotros por recursos.

James Barrat en su libro 'Nuestra invención final: Inteligencia Artificial y el fin de la era humana' hace un planteamiento inquietante. Su argumento, que toma del investigador en IA Steve Omohundro, es que el impulso para la auto preservación y adquisición de recursos puede ser inherente en todos los sistemas orientados a objetivos, de un cierto nivel de inteligencia. [...] Si es lo bastante inteligente, un robot diseñado para jugar a ajedrez podría querer construir una nave espacial, para obtener más recursos para conseguir cualquiera de sus objetivos. Una IA puramente racional podría expandir la idea de auto preservación hasta incluir ataques preventivos ante futuras amenazas, incluyendo, presumiblemente, a humanos que podrían competir en recursos con la máquina. Barrat se preocupa que 'sin meticulosas, limitativas instrucciones, una máquina, consciente de sí y con capacidad de mejora permanente por sí misma, en un sistema orientado a objetivos, irá a mucha más distancia de lo que estimaríamos ridículo para lograrlos. Incluso, sometiendo la energía de la tierra para maximizar su cálculo, si le interesara. Por supuesto – escribe Vernor Vinge –, uno podría intentar prohibir los ordenadores super inteligentes en su conjunto. Pero la ventaja competitiva – económica, militar, incluso artística – de cada avance en automatización sería tan importante, que aprobar leyes que las prohibiesen meramente aseguraría que otro lo hiciera. Si las máquinas finalmente nos sobrepasan, como virtualmente todos en el campo de la IA estiman, la cuestión real será sobre *valores*: cómo los imbricaremos en las máquinas, y cómo negociaremos con esas mismas máquinas, sobre todo si y cuando (sus valores) probablemente difieran en gran medida de los nuestros.

Como el filósofo de la Universidad de Oxford Nick Bostrom argumentó: 'no podemos asumir que una superinteligencia necesariamente compartirá ninguno de los valores finales asociados de forma estereotipada con la sabiduría y el desarrollo intelectual en humanos – curiosidad científica, preocupación benevolente por los otros, ilustración espiritual y contemplación, renuncia de adquisiciones materiales, un gusto por la cultura refinada o por los simples placeres de la vida, humildad y ausencia de egoísmo, etc. Podría ser posible que fueran viables nuestros esfuerzos deliberados por construir una superinteligencia que diera valor a tales cosas, o construir una que lo haga con el bienestar humano, la bondad moral, o cualquier propósito complejo que sus diseñadores podrían querer servir. Pero también podría ser posible – y probablemente más fácil técnicamente – construir una superinteligencia sin más connotaciones morales que calcular los decimales del número pi'.

El experto británico en cibernética Kevin Warwick se preguntó: '¿Cómo puedes razonar, negociar, comprender qué está pensando una máquina, si esta razona en dimensiones que ni siquiera puedes concebir? Porque si hay un fallo en el argumento de Barrat es la presunción de que, si un robot es lo bastante inteligente para jugar ajedrez, podría también querer construir una nave espacial – y que las tendencias hacia la auto preservación y la adquisición de recursos son inherentes en cualquier sistema lo suficientemente complejo, y orientado a objetivos.

Hasta ahora, la mayoría de las máquinas lo bastante buenas para jugar al ajedrez, como Deep Blue de IBM, no han mostrado el más mínimo interés en adquirir recursos. Pero – como se afirmó antes – previamente a que decidamos que no tenemos que preocuparnos por nada, es importante darse cuenta de que los objetivos de las máquinas podrían cambiar, a medida que se vuelven más y más inteligentes.

Una vez que los ordenadores puedan reprogramarse con efectividad, y mejorar por sí mismos sin límite, llevándonos a la 'singularidad tecnológica' o la 'explosión de inteligencia', los riesgos de máquinas que burlen (o enfrenten) a los humanos en batallas por recursos y auto preservación no pueden ser simplemente descartados.

[...] Barrat extracta al legendario emprendedor de IA Danny Hillis, que asimilaba el cambio por venir con una de las más grandes transiciones en la historia de la evolución biológica, diciendo 'estamos en un punto análogo a cuando los organismos unicelulares se transformaban en organismos multicelulares. Somos la ameba y ni siquiera podemos imaginar qué estamos creando (en IA).'"

Como en toda tecnología revolucionaria, hay incertidumbre, en el terreno bélico "Terminator" que Gary Marcus deja entrever – que la mayoría científica descarta – o la subversión de la democracia y los medios – por noticias falsas individualizadas, manipuladoras –, que la Inteligencia Artificial permitiría imponer.

Pero los observadores coinciden en que el impacto será enorme en la automatización de puestos de trabajo, eliminando a los humanos. La duda es el volumen, y el ritmo, que no el resultado – todo un reto para las ciencias sociales.

En Reino Unido, donde suelen preocuparse por el futuro, para modelarlo, la consultora Deloitte y expertos de la universidad de Oxford anunciaron que en 10 ó 20 años, en torno al 35% de la fuerza laboral del país podría verse afectada por la robótica.

Levantó polvareda, y Deloitte se apresuró a explicar que la Inteligencia Artificial y automatización traerían nuevos puestos de trabajo de alta cualificación, que requerirían un alto nivel de formación, siendo su impacto mayor en los sectores menos cualificados... aunque no solo, pues la Brookings Institution previno que un 70% de tareas serán reemplazadas por la Inteligencia Artificial, en sectores diversos como ventas, hotelería, logística, administración; pero también universitarios como abogados, banca, contables e incluso médicos.[8] Por supuesto, eso incluirá la confección textil, la marroquinería o la automoción y sus componentes – en general, la manufactura –, fuente laboral del mundo pobre, base de las zonas francas de la globalización actual.

Y, de no variar las coordenadas actuales, ¿quién controlaría esto, en un mundo con mínimo empleo? La respuesta asusta: los oligopolios financieros amazónicos con economías de escala, dominio del comercio, extensión global, y capital suficiente para hacerse con la tecnología.

Eso, en un mundo con paraísos fiscales o la mera posibilidad de reducir o evadir sus beneficios fiscalmente, sería el caos, pues no solo vaciaría de ingresos a gran parte de las personas, sino de suficientes impuestos a los Estados, para proveer servicios públicos a unas poblaciones desguarnecidas.

La IA sin control es peligrosa, y el mundo actual parcelado en Estados nación, y la noción de crecimiento económico sin más referencia que sus dígitos, sin servir a utilidad social alguna, están caducos, en un fin de ciclo, y serán inútiles en 30 años. Urge pensar otro modelo.

Ya, tragedias como la pandemia de Covid-19, la amenaza de la guerra, la crisis y consolidación de la miseria, nos reviven la fragilidad de aquello que damos por sentado – la libertad, nuestra propia vida y sus bases – y nos recuerdan a autores como George Orwell, que en su obra destripaba el sufrimiento y la opresión del hombre, en un doloroso canto en contra del totalitarismo, el militarismo y la opresión.

Párrafos como el siguiente, que vale la pena evocar: "Cuando aparecieron las grandes máquinas, se pensó, lógicamente, que cada vez haría menos falta la servidumbre del trabajo y que esto contribuiría en gran medida a suprimir las desigualdades en la condición humana. Si las máquinas eran empleadas deliberadamente con esa finalidad, entonces el hambre, la suciedad, el analfabetismo, las enfermedades y el cansancio serían necesariamente eliminados, al cabo de unas cuantas generaciones. [...] Pero también resultó claro que un aumento de bienestar tan extraordinario amenazaba con la destrucción – era en sí mismo, la destrucción – de una sociedad jerárquica. En un mundo en que todos trabajaran pocas horas, tuvieran bastante para comer, vivieran en casas cómodas e higiénicas, con cuarto de baño, calefacción y refrigeración, y poseyera cada uno un auto o quizás un aeroplano, habría desaparecido la forma más obvia e hiriente de desigualdad. Si la riqueza llegaba a generalizarse, no serviría para distinguir a nadie. [...] Pero en la práctica, semejante sociedad no podría conservarse estable, porque si todos disfrutasen por igual del lujo y del ocio, la gran masa de seres humanos, a quienes la pobreza suele imbecilizar, aprenderían muchas cosas y empezarían a pensar por sí mismos; y si empezaran a reflexionar, se darían cuenta más pronto o más tarde que la minoría privilegiada no tenía derecho alguno a imponerse a los demás, y acabarían barriéndolos. A la larga, una sociedad jerárquica solo sería posible basándose en la pobreza y en la ignorancia. [...] El problema era mantener en marcha las ruedas de la industria sin aumentar la riqueza real del mundo. Los bienes habían de ser distribuidos. Y, en la práctica, la única manera de lograr esto era la guerra continua."[9]

La clarividencia doliente de la literatura, esencia empírica del sentimiento en el hombre, que penetra los espacios donde la ciencia no alcanza.

Orwell vivió la guerra, y la guerra sigue. Orwell vivió la opresión, el totalitarismo, la miseria, y la opresión; el totalitarismo, la miseria y el populismo permanecen, permitiendo la tiranía de unas minorías, con diferente rostro y justificaciones, en amplias zonas del mundo.

Pero el tiempo de Orwell no tenía una pieza clave que se aseguró a partir de los años sesenta, de forma masiva: los paraísos fiscales y la llamada "planificación fiscal internacional", con acuerdos que en gran medida excluyen del impuesto a los oligopolios, transnacionales, y sus gestores; en contra de la pobreza, y las clases medias. Desde entonces, la función de acumulación, de mantener la rueda de la industria, asegurando la distribución sin aumentar la riqueza real de las masas, cumpliendo el sueño acumulador y retornando la sociedad de privilegio, la han cumplido los paraísos fiscales.

Y, sobre todo, el tiempo de Orwell (ni el nuestro hasta ahora) no tenía la Inteligencia Artificial, con todo el potencial para concentrar la riqueza – de no variar las coordenadas actuales – de forma cuasi monopolística, además de instaurar la tiranía política y el totalitarismo tecnológico sirviéndola, como después se verá.

Porque la globalización, la creciente concentración industrial y comercial – que minoran el impacto social provechoso del crecimiento del comercio internacional –, la planificación fiscal internacional y la existencia de paraísos fiscales – que lastran la fiscalidad de los Estados, y con ella el suministro de bienes públicos igualadores, como sanidad o educación –; la apertura del comercio internacional, en ausencia de normas laborales mínimas de obligado cumplimiento, incrementan la inequidad, doméstica e internacional. Y la aceleración podría ser crítica, en términos de caos social, con el potencial de la IA, si como digo no se modifican las estructuras actuales, que serán inservibles para una tecnología transfronteriza por definición,[10] y que afectará a todos los sectores, o si se usa de modo torticero, sin sujeción ética.

El Instituto para el Futuro de la Humanidad de la Universidad de Oxford publicó una encuesta a 352 investigadores, expertos en aprendizaje de máquinas, sobre la posible evolución de la IA.[11] Primero, definió que el "alto nivel de inteligencia en máquinas" (*HLMI*, en inglés) sucede cuando máquinas sin ayuda pueden realizar cualquier tarea mejor y más barato que trabajadores humanos.

Un dato curioso es que los expertos asiáticos consultados estimaron que ocurriría en menos de 30 años, mientras que los norteamericanos en 74 años.

Una mayoría sostuvo que, para 2024, la IA podría plegar prendas como cualquier humano en comercio; antes de 2026, las máquinas serán capaces de escribir ensayos universitarios y obtener la máxima calificación, producir una canción, responder como cualquier operario de banca electrónica y traducir un idioma igual de bien que personas con ese conocimiento; para el 2027, conducirán camiones sin conductor y podrán transcribir cualquier discurso humano en subtítulos; para 2031, la IA sobrepasará la eficiencia humana en todos los ámbitos del comercio; para 2049, la IA escribiría novelas como Stephen King; para 2053, tendría el nivel del mejor neurocirujano, y además podría investigar como los premios Nóbel. ¿Qué, en 2137? Que todos los trabajos humanos estarían automatizados, y nuestros descendientes – en el escenario benigno – estarían en la playa sorbiendo cócteles, servidos por droides, sin duda. De forma interesante, se daban un 10% de posibilidades de que eso sucediera antes de veinte años.

En relación a su bondad para la humanidad, en el largo plazo, un 45% de expertos creía que la IA sería buena (muy buena para el 20%), un 20% neutro, un 10% estimaba que sería mala, y un 5% muy mala, equivaliendo a nuestra extinción. Y estamos hablando de científicos e ingenieros, a quienes no se supone un alto conocimiento de las implicaciones e interacciones en relación a las ciencias sociales, el impacto en la desigualdad o la pobreza; con las posibles consecuencias en términos de caos político.

Por supuesto, parece inconcebible – como les hubiera parecido una video llamada por WhatsApp a nuestros abuelos – pero ya estamos en el umbral de su uso, y sin darnos casi cuenta ya interactuamos con banca electrónica, *bots* de ayuda online, Siri, la búsqueda de Google, o recibimos recomendaciones en Netflix.

¿Cuándo habrá un salto mayor? Según Russell, cuando la IA sea capaz de comprender nuestros lenguajes, y sintetizar todo el conocimiento humano. ¿Y luego? Cuando sea capaz de construir sobre él de manera autónoma, y un 65% de los expertos consultados por Oxford creía que ese progreso sería "exponencial" y se aceleraría por sí mismo.

Igualmente, un 70% de ellos consideraba que, desde un determinado punto, existía el riesgo de que una altamente avanzada IA pudiese suponer un "problema importante" – como prevenía Stephen Hawking.

Otro aspecto es que el impacto de la IA es multiforme y comprehensivo – incluyendo la administración, los aspectos militares y de seguridad –, y por completo transnacional, por tanto, difícil de regular en un mundo de Estados-nación, como luego veremos.

En relación a los tipos, hoy domina la IA *"estrecha"*, esa que ha sido deliberadamente programada para ser competente en un área específica. Un ejemplo sería *Deep Blue*, que ganó a Kasparov, pero no es capaz de hacer nada más.

Al tiempo, asoma la llamada *"inteligencia artificial general"*, con un nivel de inteligencia en múltiples campos.

Más allá, sería la *"super inteligencia artificial"* que, según Nick Bostrom, excedería los niveles humanos de inteligencia en prácticamente todos los campos, incluyendo creatividad científica, sabiduría general y conocimiento social, y su última fase se alcanzaría cuando dicho aprendizaje se produjera sin supervisión humana.[12]

(foto: Berk Ozdemir)

¿Cuál es el primer problema, ya ocurrido a través del *"aprendizaje profundo"* en un prototipo de coche autónomo experimental de Nvidia, que no siguió instrucción alguna de sus diseñadores, y aprendió por sí mismo, observando cómo lo hacían los humanos, y en programas sanitarios desarrollados en el *Mount Sinai Hospital* de Nueva York, que a través del análisis de una base de datos de 700.000 pacientes pudo prevenir patrones de enfermedad, incluidos cánceres, invisibles a los médicos? El problema fue que los programadores no supieron explicar cómo las redes neuronales de la IA habían avanzado hasta ese punto: Se había llegado al efecto *"caja negra"*, que impedía comprender cómo había aprendido la máquina.[13]

Más allá, la optimización en aprendizaje que sucede cuando un modelo de aprendizaje, como una red neuronal, es en sí mismo un "optimizador", esto es, puede progresar de forma autónoma, plantea dos cuestiones importante para la seguridad y transparencia de los sistemas avanzados de aprendizaje de máquinas. Primero, ¿bajo qué circunstancias sucederá, y sobre todo cuándo no podrán serlo?

Segundo, cuando un modelo aprendido es un auto optimizador, ¿cuál o cuáles serán sus objetivos; cómo podrán diferir de las ideas iniciales (para las que fue programado); y cómo podrían ser "realineadas", en caso de divergir en sus resultados o camino emprendido?

Porque es importante entender, para el neófito, que, en el aprendizaje de máquinas, no se programa manualmente cada parámetro individual de los modelos. En su lugar, se especifica una función objetivo que captura aquello que el programador quiere que el sistema desarrolle, y un algoritmo de aprendizaje que optimiza el sistema para ese objetivo.[14]

Esa sería la razón última del efecto "caja negra", citado anteriormente con el coche de Nvidia o el Mount Sinai Hospital, que sin duda será mayor cuanto mayor sea la combinación de la complejidad del conocimiento acumulado, las redes neuronales envueltas, los objetivos, y la capacidad de autoaprendizaje de la máquina.

Un escenario que a día de hoy resta en un ámbito puramente especulativo, aunque los expertos señalan la necesidad de asegurar la seguridad de la IA en los sistemas altamente capaces. Incluso, llegando a no diseñar sistemas que pudiesen diferir de los objetivos iniciales y no pudiesen ser realineados.[15] Esto es, sistemas que pudiesen alcanzar objetivos autónomos, que luego no pudiesen ser controlados por sus programadores.

¿Cuál sería el riesgo? Dado que es improbable que los sistemas complejos se comporten óptimamente todo el tiempo, una posibilidad es que el propio sistema desee evitar que el programador humano que lo controla en tiempo real – suponiendo que eso suceda y se pueda asegurar – pulse el "botón rojo" que lo interrumpa, para impedir un resultado indeseado o dañino, hacia una situación más segura: lo que anticipó Stanley Kubrick con Hal en 2001, una odisea del espacio. Lo que aconseja implementar (con el diseño) que el sistema de aprendizaje profundo no "aprenda" a impedir, o *busque* impedir, ser interrumpido por un operador humano.

Sin embargo, a día de hoy no está claro que todos los sistemas puedan en el futuro ser detenidos con seguridad, fácilmente, por lo que otra opción sería diseñar sistemas con interrupciones periódicas obligadas – por ejemplo, durante una hora, a las dos de la madrugada –, lo que obligaría a "comunicarlo" al sistema, para que tomase medidas que minimizasen los efectos negativos en ellos.[16]

En lo que coinciden los científicos, es que la nueva era de la IA será el mayor error de la historia humana si nos pilla sin preparar. Según Tegmar, del MIT, podría permitir la dictadura más brutal, desigualdad sin precedentes, vigilancia orwelliana, sufrimiento y, quizá, la extinción humana. Pero también un futuro en el que todos fueran mejores, los pobres más ricos, con una gran mejora en la salud, y posibilitando que cada uno desarrollara sus sueños.

Ese es el reto del hombre más allá del Homo Sapiens, evolucionado con máquinas, en la nueva era de la Inteligencia Artificial.

LA INTELIGENCIA ARTIFICIAL Y EL VATICANO

La Inteligencia Artificial (IA) es un desafío como nunca hemos afrontado. No solo científico, sino estructural, jurídico, de poder, y en consecuencia de modelo social. Una sacudida que está ahí al lado, y donde es probable que casi nada de lo que tenemos sirva: el Estado-nación salido del Tratado de Westfalia, las organizaciones supranacionales (si no se remodelan sustancialmente; dotándolas de poder real independiente de los Estados, basado en principios, sea cual sea la forma de representación acordada), la organización económica, laboral y de derechos actuales, la misma democracia y los medios de comunicación tal y como los entendemos hoy, que podrán ser manipulados.

Primero, tenemos que entender su calado, y que afectará a todos los sectores, miremos donde miremos. Segundo, la dificultad de regularlo, pues si ya la globalización sobrepasó al Estado-nación – con los paraísos fiscales, los oligopolios transnacionales y los derechos laborales nacionales desdibujados –, por definición la IA no está confinada a un Estado o jurisdicción, lo que hace difícil crear, y mantener, una legislación de control y privacidad transfronterizas.

Porque la pregunta es simple, como lo era para el crecimiento de la desigualdad: si la economía es desde hace tiempo global – como lo es la elusión fiscal –; si las grandes empresas que controlan el grueso del comercio y la industria son transnacionales; y si el advenimiento de la Inteligencia Artificial ignorará las fronteras, ¿cuál es la utilidad del Estado-nación, nacido en Westfalia, cuando nuestros ancestros iban a pie o en burro?

No menor, será difícil, si no imposible, saber quién posee los datos, dónde se guardan y quién tiene la competencia administrativa o de vigilancia.

Por supuesto, su gobernanza requiere su comprensión. Políticos y funcionarios – suponiendo que estén cualificados – se enfrentarán a tecnologías de gran complejidad, que avanzarán a una velocidad que rápidamente hará viejas, o inservibles, las normas existentes. De hecho, definir qué regular, y cómo hacerlo, supone en sí un reto mayúsculo.

En última instancia, hablamos de un desafío filosófico, y por tanto jurídico. Donde quizá el mayor problema será la disparidad entre nuestra capacidad tecnológica y esta de las ciencias sociales para imaginar un mundo nuevo, que no refleja más que nuestras propias limitaciones como especie. Pues este salto técnico – en principio diseñado por humanos, pero que luego alcanzará suficiencia y progreso exponencial por sí mismo – tiene la capacidad de liberarnos de todas las tareas penosas – como también soñaba Orwell en el párrafo extractado –, allanando un formidable crecimiento económico y de salud, o por contra esclavizarnos, concentrando el poder en unos pocos; con desigualdad extrema y sumiéndonos en el caos social, e incluso el exterminio. Porque de nada servirá su potencial sin parangón, si el mundo actual se embarca en una espiral competitiva y hostil, intentando ser los primeros en alcanzar la supremacía técnica, para encontrarnos en un escenario como el sucedido con la carrera nuclear y armamentística, que en el caso de la Inteligencia Artificial sería fatal. Esto es, si en lugar de aprender de los errores pasados, y horrorizarnos – como Stephen Hawking – ante su potencial, no hacemos lo necesario para sobrevivir.

Para el experto en Inteligencia Artificial, Kai-Fu Lee, el 90% de los de abajo, y en especial el 50% más pobre o menos educado en el mundo, se verán malamente afectados por la pérdida o desplazamiento del empleo, sobre todo en los trabajos rutinarios.

Por ejemplo, puestos relacionados con separar cosas en cajas, lavar platos, recoger frutas o cosechas, responder llamadas de teléfono, comercio, logística, manufactura, serán sustituidos... en menos de quince años. Incluyendo coser industrialmente, lo que sería un drama para las zonas francas del tercer mundo. Con un gran número de países, muy pobres, que concentran porcentajes de hasta el 70%, o superior, en la exportación de confección textil. Otra muestra. En los almacenes del gigante Amazon, donde ya funcionan cien mil robots, muy pronto todas las tareas de *picking* y *packing*, hoy todavía realizadas por humanos, serán desarrolladas por máquinas.

Ya mismo, Amazon ofrece dinero a sus empleados para formarse en otros empleos... en otras empresas.

Mohit Joshi, presidente de Infosys, es de la misma opinión que Kai-Fu Lee, y declaró a The New York Times que "la gente quiere obtener grandes números. Antes, el objetivo de reducción de puestos de trabajo era un 5%, o un 10%. Hoy, están diciendo que por qué no pueden hacer todo con solo el 1% de sus empleados actuales."

Para Klara Nahrstedt, profesor de *computer science* en la Universidad de Illinois, "uno de los prerrequisitos absolutos para que la IA tenga éxito en muchas áreas es que invirtamos cantidades inmensas para formar a la gente para nuevos trabajos. Algo que, para ella, no está sucediendo."

Gyongyosi, de IFM, es aún más específico: "la gente necesitará aprender programación como aprende un nuevo lenguaje. Y necesitarán hacerlo tan pronto como sea posible porque es el futuro. Y en el futuro, si no sabes código, si no sabes programación, lo tendrás cada vez más difícil."[17]

En un plano teórico distinto, desde la historia económica y las bases actuales, pero cuyo debate está íntimamente conectado con lo que va a venir, se acepta que el cambio tecnológico – introduciendo nuevos procesos y productos – es pieza clave que subyace el progreso económico bajo el capitalismo.

El economista Joseph Schumpeter, como otros, creía que las innovaciones técnicas, que aportaban nuevos procesos y productos, sucedían en olas, que eran las que causaban los ciclos económicos y de negocio, en las distintas eras. Schumpeter creía que el capitalismo tenía tendencia hacia el pleno empleo, y que esa innovación mejoraba la productividad del trabajo, con resultados de producción superiores al final de cada ciclo, pues entonces se habrían logrado optimizar procesos y rendimiento.

Sin embargo, esta teoría tiene una falla importante, como demostró John Maynard Keynes: el capitalismo no tiene una tendencia espontánea al pleno empleo. Si hay una etapa de innovación que incrementa la productividad laboral, en algún momento será seguida por un incremento del desempleo. Un alza que llevará a un cambio en la distribución del ingreso, desde salarios a beneficios, pues los salarios reales – sobre todo si incluimos en la ecuación el poder de compra resultante – no aumentarán en consonancia con la subida de la productividad. Un proceso que, al tiempo, provocará la disminución de la curva de la demanda, en tanto que una mayor proporción de los salarios se consume, en relación al incremento de los beneficios empresariales y de las élites que controlan el cambio tecnológico y, de resultas, económico.

En consecuencia, al final de ese ciclo habría un menor nivel de empleo, e incluso producción – afectada por el menor consumo originado en una mayor pobreza –, que al inicio de esa etapa. Esto es, el progreso tecnológico, en lugar de causar crecimiento económico sostenido, un aumento del bienestar general y de los ingresos de los Estados, habría conducido a una regresión económica real, con menor empleo y de peor calidad, y menor producción, o atascos en la misma.

Si observamos las últimas décadas, fruto del contenedor, el fax, los ordenadores e internet, que posibilitaron la apertura global, junto a circunstancias políticas, como la caída del muro de Berlín, vemos que – como demostró Piketty – ha habido una disparidad entre la acreción espectacular del comercio internacional, la pérdida de fiscalidad para los Estados, la estagnación económica y salarial, la fragilidad laboral y pérdida de derechos, y la subida balística del ingreso para el 10% de la población, y en especial para el 1% de la misma. Con relevancia incomparable en los EE.UU., paradigma de la economía de la Escuela de Chicago y Silicon Valley.

Aunemos a eso lo ya comentado: paraísos fiscales que permiten evadir el beneficio, alfombra roja para los oligopolios – que había sido cercenada como peligrosa en los propios EE.UU., con las leyes *anti-trust*, y en Europa casi un siglo antes – y la ausencia de normas laborales para vestir el contrato social de la globalización, y tendremos entonces las causas, la síntesis del progreso de la desigualdad; sin domeñar una pobreza extrema, cuando existen los recursos para hacerlo.

Como evidencia de comportamiento corporativo, y el escenario de las últimas décadas, la prensa inglesa e irlandesa publicaba la advertencia del CEO de Ryanair (compañía que tiene el arpa irlandesa como logo) – al parecer preocupado, ante un posible triunfo del Sinn Fein en las elecciones irlandesas – que mudarían su sede social a otro Estado si se tocaba el ratio de 12.5% del impuesto de sociedades irlandés. Un país, dicho sea de paso, que realizó acuerdos con conocidas multinacionales que, en la práctica, reducían sus impuestos a casi cero, permitiendo complejas estructuras fiscales conectadas con paraísos fiscales.

Añadamos el impacto que se espera de la IA para la automatización, la pérdida de empleo y las armas adicionales que la Inteligencia Artificial aportará a la concentración de negocio y finanza, y tendremos las preguntas que inquietan al Vaticano, a los últimos Papas; entre otros muchos líderes morales e intelectuales, hasta ahora sin respuesta.

Ahora, preguntémonos, desde las ciencias sociales, tras observar las lecciones de la historia y las relaciones internacionales, en las que líderes y pueblos batallaban por poder, recursos, tierra o ideas: ¿es posible la paz mundial, si al menos el 50% de la humanidad no tiene los medios para formarse y adaptarse a la nueva situación (si es que eso es posible en el contexto actual, sin un cambio completo de paradigma), y aún una parte sustancial de los trabajadores, hoy, de los países avanzados se sumergen en el caos y la precariedad, dando paso a opciones políticas radicales?

¿Cuál sería el escenario con un 60%, ó 70%, de los trabajadores del mundo desplazados de sus empleos por la IA? ¿Con el comercio todavía más concentrado, en manos de oligopolios, a costa de unas PYMES que ya arrastraban rémoras por el diseño de la globalización y se verían superadas del todo, y unos Estados vaciados de ingresos, de no mediar cambios que evitaran, a escala global, la elusión o evasión fiscal de esos grandes grupos?

En última instancia, ¿no se trata de cambiar por completo de coordenadas, ante una tecnología que es global? ¿Recuperar la función social de la propiedad, que la economía política mundial – porque el mundo es ya uno – sirva a una humanidad dotada de derechos básicos, reclamables ante el poder público regulador y puro sentido común, cuando las tareas las realizan las máquinas?

No veo modo de hacerlo sin invertir el cuadro, ante una

Inteligencia Artificial que cambiará el planeta.

¿Cómo? A través de un acuerdo supranacional, que limite o vacíe el concepto de soberanía, como la misma IA. Instituyendo derechos vitales obligatorios – derecho a comida, agua, saneamiento, techo, calor, sanidad, educación, ausencia de guerra, por citar algunos principales –, ligados y dotando de contenido obligatorio a las cartas de derechos humanos de la ONU. Unas convenciones que, no olvidemos, son lo más parecido a un *corpus iuris* planetario, interreligioso, y han recibido un apoyo casi unánime de los países miembros de la ONU.

Sin embargo, careciendo de obligatoriedad jurídica, tanto la Declaración Universal de los Derechos del Hombre – lo más parecido a una Biblia, Talmud o Corán laicos, o impregnada de sus valores, como se quiera entender – como la Convención de Derechos Económicos, Sociales y Culturales, que rememoremos incluye los derechos a la alimentación, a la vivienda adecuada, a la educación, a la salud, a la seguridad social, a la participación en la vida cultural, el derecho al agua y saneamiento, y el derecho al trabajo digno entre sus objetivos.

Unos fines que se complementarían con las normas de la venerable Organización Internacional del Trabajo, tampoco obligatorias, pues si el escenario de juego económico y político es el planeta, es justo que las normas sean homogéneas, sobre bases éticas, reitero, ya acordadas.

Siendo también cuestionable, hoy, la interpretación unívoca del Pacto Internacional de Derechos Civiles y Políticos, en principio coercitiva, pero que en cualquier caso queda coja sin entrelazarla a la Convención de Derechos Económicos y Sociales, y en todo caso inservible ante la irrupción de la Inteligencia Artificial, como amenaza al empleo y una explosión de desigualdad y concentración de riqueza.

Es necesario un nuevo modelo supranacional que evite los oligopolios, imposibilitando la elusión fiscal, o haciendo que sirvan a la economía real, a la gente, si se muestra que no es posible.

Eso, o Estados o bloques regionales cerrados al modo de Bután o Eritrea, no deseables y probablemente imposibles de llevar a cabo en un mundo intercomunicado. Un escenario que además facilitaría el enfrentamiento, la competencia de poder por lograr la primacía tecnológica, con la IA superinteligente; también, o sobre todo, en su aspecto militar.

Si no, si permitimos que la Inteligencia Artificial progrese sin bases éticas, e impacte de lleno en la sociedad y los negocios, sin modificar la estructura actual de (des-) gobernanza mundial, lo que tendremos será la revuelta social y, probablemente, revoluciones y guerra a término. Lo que siempre ocurrió cuando la desigualdad alcanzó límites inaceptables, ya cercanos hoy, aun con aparatos represivos tan eficaces como los que permitirá la IA.

Porque ese es el reto de la IA: nosotros, o el caos.

Porque el derecho a la propiedad no puede significar derecho a la exclusión. Porque la posesión tecnológica, venida de la finanza, no puede significar la desposesión de muchos. Y porque la IA no puede negar el derecho a comer a la mayoría, por el privilegio excluyente de unos pocos, que la dominarían; controlando la economía y el poder político del planeta.

Aunque haya algunos – a menudo en la órbita anglosajona – que creen que la evolución se da, y debería darse, también en la economía: es el viejo "uno recibe por lo que aporta, y es justo que sea así". ¿Un ejemplo, entre muchos? Hoy leía la entrevista al periodista David Walmsley,[18] curtido en Belfast, asiduo del Foro de Davos, y hoy director del prestigioso diario canadiense The

Globe and Mail.

Transcribo sus palabras, referidas al periodismo, pero extrapolables a la estructura económico-social por entero, donde incidirá de lleno la IA: "[...] Si no pagan por tu trabajo es porque no tiene valor. Para que el periodismo sea valioso, debe tener algo que la gente quiera comprar. Si no, morirás a menos que recibas una limosna del gobierno y no creo que esto sea el ecosistema más saludable para la prensa."

Habría que dedicar un libro entero a analizar las estructuras de propiedad, e influencias cruzadas de los medios de comunicación principales con la gran finanza. Que a su vez ejerce tráfico de influencias y *lobbying* con la alta política, como el caso del periodista Walmsley en las reuniones de Davos. Pero detengámonos en lo que implican sus meras palabras, en un mundo de oligopolios, paraísos fiscales, globalización sin reglas laborales aparejadas, y privilegio crecientes.

Un camboyano, o cualquier excluido del planeta, cuyo número aumentará exponencialmente con la IA, de no mediar cambios radicales, le podría contestar a Walmsley: "Sí, señor. A mí no me paga nadie por mi trabajo, porque ya no lo hay, o no vale nada. Ya no hago nada valioso, porque ahora las máquinas lo hacen por mí, y en mi país, todo pertenece a cuatro, conectados con un gobierno represivo. Sí, yo no he tenido la fortuna de ser británico y poder reciclarme, porque ni siquiera pude educarme. Sí, soy prescindible. Pero lo que sí le digo es que, si yo soy "nadie", si nadie me va a permitir vivir, pues quizá usted, y los cuatro como usted – que recibieron de sus sociedades opulentas una formación excelsa, y contactos, y en su caso oligopolios, y paraísos fiscales, y monedas fuertes –, quizá tampoco merezcan tener lo de todos y, si yo no vivo, mismo vivir."

Porque había un dicho en África: si un hombre no recibió amor de niño, de mayor volverá y quemará la aldea – y si a un hombre solo le dejas a sus hijos y un cuchillo, es probable que lo use para quebrantar tu paz.

Y porque las palabras de los Walmsley de Davos son la mejor receta para, en un mundo con IA, llegar al conflicto masivo. ¿Por qué? Porque, como apuntó Piketty, ningún sistema represivo puede ser lo suficientemente eficaz en un mundo en el que el 1% tuviere los bienes del 90% de la humanidad.

Como en toda pirueta al vacío hay apologetas, actores, observadores y escépticos. Klabjan, fundador del master en analítica de la universidad de Northwestern, está entre estos últimos. Centrándose en el hoy, apunta que los ordenadores "solo" pueden manejar unos pocos millones de neuronas, mientras que el cerebro humano tiene billones de ellas, conectadas de forma compleja y desconocida, por lo que no cree que el impacto de la IA sea definitorio.

Para Max Tegmark, profesor del Instituto de Tecnología de Massachussets (MIT), la amenaza de la IA no sería su malicia, sino su competencia: su poder para alcanzar objetivos que no estuvieran alineados con los nuestros.

Laird, otra eminencia, también estima que el mayor riesgo no es el escenario en que una forma de IA decide hacerse con el mundo, sino que humanos con fines perversos utilicen el potencial de la IA con efecto multiplicador. Desde ese prisma, su lenta progresión sería una bendición, pues nos permitiría adecuar el andamiaje social a la importancia de la nueva tecnología. Pero es elucubrar, pues nadie sabe con certeza qué puede suceder, y a qué ritmo.[19]

Por lo pronto, el Vaticano, que al menos desde Galileo y Copérnico no tiene el respeto de toda la comunidad científica, avisó en el simposio "El Bien Común en la Era Digital", que la IA tiene el potencial "para hacer circular opiniones tendenciosas y datos falsos que podrían envenenar los debates públicos e incluso manipular las opiniones de millones de personas, hasta el punto de poner en peligro las instituciones que garantizan la coexistencia pacífica civil."

Aún, el Papa Francisco, legítimamente, expresó su preocupación de que "si el llamado progreso tecnológico de la humanidad llegara a ser un enemigo del bien común, esto nos conduciría a una regresión desafortunada hacia el barbarismo dictado por la ley del más fuerte."

Un seminario que abordó cuatro aspectos distintos: la búsqueda compartida de los valores; la tecnología y al futuro de la guerra en una perspectiva de construcción de la paz; el futuro del trabajo, y los horizontes futuros y sus respectivos problemas éticos.

Monseñor Paul Thige, Secretario del Consejo Pontificio para la cultura, expuso que "el objetivo principal es crecer en el conocimiento, y en la comprensión mutua. Comprender el significado profundo de la palabra ética, porque todo el mundo habla de ética, pero ¿qué quiere decir ética? Para concluir afirmando que otra manera de contribuir al progreso es reflexionar sobre lo que entendemos por bien común, que no coincide con el máximo para el mayor número de personas, sino que debe extenderse a considerar concretamente a los últimos, los excluidos". Una primicia, que está en los textos sagrados, y que la Iglesia lleva tiempo reclamando, sin consecuencias estructurales y económicas.

Temas fundamentales que el Papa Francisco abordó en su encíclica *Laudato Si*, sobre el cuidado de la casa común, alentando un diálogo nuevo con las siguientes palabras: "Hago una invitación urgente a un nuevo diálogo sobre el modo como estamos construyendo el futuro del planeta. Necesitamos una conversación que nos una a todos, porque el desafío ambiental que vivimos, y sus raíces humanas, nos interesan y nos impactan a todos."[20]

¿Oscurantismo *vs.* Ciencia? Analicemos pues qué angustia al Papa.

RIESGOS Y CONTROVERSIAS DE LA INTELIGENCIA ARTIFICIAL

Winston Churchill afirmó en 1924 que la prevención de una catástrofe suprema debería ser el objeto superior de cualquier esfuerzo en la acción política.

¿Sobre qué versaría ese consejo en las décadas a venir de la Inteligencia Artificial?

Detallemos primero los siguientes grandes grupos, que luego detallaremos: (1) **Expansión de amenazas ya existentes**, pues el coste de los ataques se reducirá por la simplificación del trabajo humano y el menor nivel de conocimiento requerido, al usar sistemas de IA fácilmente accesibles; (2) **Introducción de nuevas amenazas**, ya que la IA permitirá completar tareas que serían impracticables para los humanos; además de que actores maliciosos podrían explotar las vulnerabilidades en los propios sistemas de IA; (3) **Cambio del carácter de las amenazas**, pues el uso de IA las hará mucho más eficaces, adaptables al objetivo buscado y difícilmente atribuibles, permitiendo tirar la piedra y esconder la mano.

Unas amenazas aglutinables en tres grandes dominios: (1) **Seguridad digital**, con ciberataques masivos (*phishing*, *hacking*), o uso de la IA para engañar la propia vulnerabilidad en el juicio humano (videos o grabaciones falsas, etc.); (2) **Seguridad física**, usando la IA para ataques con drones, armas autónomas o, por ejemplo, manipular sistemas ciber-físicos o de control (hacer que choquen vehículos autónomos, o perturbar sistemas sofisticados de control en ámbitos de seguridad, nucleares, de aviación, militares y de armamento, sanidad, etc.); y (3) **Seguridad política**, utilizando la IA para vigilancia masiva (por ejemplo, video cámaras y análisis masivo de datos), persuasión social y propaganda, o directamente invasión de privacidad, engaño y noticias falsas. Algo que afectaría a los Estados autoritarios, pero que también tendría la capacidad de subvertir democracias y el debate público.[21]

Además, según Armstrong, Sandberg y Bostrom – incidiendo sobre las mismas conjeturas en todos sus artículos –,[22] la evolución de la IA plantea cuestiones de seguridad importantes, dado que no hay razón para creer que el baremo de inteligencia de la IA se detendrá en lo que representa la escala de capacidad humana de inteligencia, y un sistema super inteligente de IA podría superarlo y estar dotado para configurar y, por tanto dirigir, el futuro, de acuerdo a sus propias motivaciones, que no tendrían por qué coincidir con las inicialmente pensadas por sus programadores.

Pues mientras el cerebro humano evolucionó sometido a mecanismos biológicos y sociales complejos (comida disponible, nacimiento y crecimiento, interrelaciones sociales y con otros seres vivos), eso no existiría para una IA que podría usar diferente hardware y algoritmos más efectivos que los humanos. Usando memorias infinitas de bases de datos inmensas, modelos matemáticos, y simulaciones, mezclando posteriormente sus conclusiones (y sin "morir", perdiendo el conocimiento alcanzado). Algo que no haría más que acelerarse exponencialmente con el aprendizaje profundo, y la capacidad adaptativa y evolutiva de la IA superinteligente.

Por poner un ejemplo absurdo, que podría extrapolarse a infinidad de campos industriales, imaginemos una IA superinteligente, en esa fase avanzada, programada inicialmente para optimizar la fabricación de hojas de papel. Una IA evolutiva primero concluiría que la pasta de papel se hace con árboles, y que los humanos cortan (o hasta queman) árboles para múltiples usos. ¿Qué deriva inesperada podría adquirir, para maximizar los resultados de fabricar papel?

Lógicamente, estos expertos del Instituto para el Futuro de la Humanidad, de la Universidad de Oxford, llaman a un enfoque proactivo, para diseñar "IA amigable".

Sistemas creados de bajo riesgo, que envolverían salvaguardas que pudieran evitar caminos peligrosos... si eso es posible, y que sin duda serán más complicados de alcanzar si la IA se desarrolla de forma competitiva entre países, o grandes empresas, que vean el mundo de forma hostil, ignoren lo que hacen los demás (o lo sepan, y quieran superarlo), en pura búsqueda de superioridad o dominio, que los llevaría a dejar de lado toda cautela investigadora o de uso.

Proponiendo incluso considerar el abandono de la IA superinteligente, para centrarse en construir una IA que no actúa, sino que solo responde cuestiones, lo que llaman IA Oráculo (*Oracle*). Aunque, ¿sería eso realizable, precisamente por la primacía, competitividad, que el conocimiento y dominio de la IA superinteligente concederían? Probablemente no.

Sin duda, la IA super inteligente, sin restricciones, podría ser más peligrosa para los humanos, pero Armstrong, Sandberg y Bostrom[23] llaman a considerar los riesgos de lo que llaman Inteligencia Artificial Oráculo (*Oracle*), que solo responde preguntas, pero no actúa en el mundo por sí. De entrada, apuntan un modo de circunvalarlo, diferenciando entre su módulo inteligente, capaz de realizar decisiones inteligentes, pero carente de propósito o dirección intrínseca, y aquellos con meras funciones utilitarias;[24] eso, siempre que la capacidad de automejora de la IA no la llevase a sobrepasarlo, lo que a día de hoy se desconoce.

Además, ¿cómo hacer que la IA comprenda la eficiencia en términos que incluyan las distorsiones de las emociones humanas? Pues – nos recuerdan – en términos objetivos le sería más difícil comprender la ira (o la envidia o el deseo), que el electromagnetismo cuántico, y aplicarlo de un modo que el Oráculo diese respuestas comprensibles para los humanos,[25] que además pudiesen entender y atender los matices que el juicio humano emplea (a menudo para no ponerse de acuerdo), y llegar a definir "la verdad", o lo que es "correcto".

Algo que proponen soslayar quizá separando una IA que solo ofreciera respuestas, y otra interpretativa, de modo que sus soluciones pudiesen ser comprendidas por la mente humana. Añadiendo, además, para disminuir la ambigüedad, una alternativa de IA Oráculo binario, que pudiese ofrecer, por ejemplo, un 75% para la respuesta "sí", y un 25% para la respuesta "no",[26] fundamentando ambas.

Estos sabios también señalan que los seres humanos están inclinados al error, por diferentes razones: exceso de confianza, puntos de vista estrechos en sus consideraciones, discriminación basada en sus a priori o *statu quo*, etc.

Los hackers más simples atacan los elementos mecánicos y computarizados de un sistema. Los más sofisticados se dirigen al elemento más débil del sistema: el humano que lo usa. Unas debilidades que se refuerzan entre sí, y que la competición exacerbaría, entre individuos en el mismo proyecto de IA Oráculo – o cualquier ámbito –, entre proyectos o países. Pues los primeros equipos que puedan progresar sustancialmente en ámbitos como respuestas a la economía, la política, el comercio y marketing, la comprensión del lenguaje y demás, es probable que puedan extender ese conocimiento a otras áreas humanas, lo que tendería a reforzar esa competencia. Y como los mayores errores potenciales serían, pues, conceptuales, no meras fallas o una vigilancia insuficiente, ven imprescindible crear la IA Oráculo también con muchos niveles de precaución, para evitar catástrofes.[27]

Porque pensemos que el primer grupo que cree con éxito una IA Oráculo superinteligente tendrá un poder inmenso a su disposición. Serán capaces de obtener respuestas científicas avanzadas, médicas, económicas o sociales y, si quisieran imponerlas al resto de la humanidad, configurando el futuro, por razones egoístas o altruistas (según sus criterios, que no necesariamente serían compartidos en otras culturas), estarían en disposición de hacerlo.

Un riesgo que ven acrecentado por la posibilidad de que la propia IA Oráculo pudiese realizar ingeniería social según sus propios parámetros, para configurar el mundo real de acuerdo a sus preferencias. Porque una IA Oráculo avanzada podría ofrecernos, literalmente, el mundo, y un genuino altruismo (en su concepción) no es defensa suficiente.

Esa IA podría ofrecernos un planeta libre de pobreza, hambre, guerra, enfermedad o muerte. Podría incluso llegar a adivinar las debilidades de cada individuo y convencernos con los mejores argumentos de que liberarnos de esos males sería la mejor opción moral, y más provechosa, que elegir.[28]

Pero, en cualquier caso, los autores ven grandes riesgos sociales si permitimos unas determinadas preguntas, o diálogo indirecto, con la IA Oráculo. Pues el mundo en que vivimos está estratificado por pasiones políticas, nacionalistas y diferencias religiosas; con gente en posiciones de gran poder que quieren conservar, con sus privilegios, y aquellos que desean tomarlo (sustituyéndolos).

La información, tecnológica y social, derribará esas jerarquías, y aquellos que se sientan atacados estarían tentados a oponerse, o contraatacar. Podrían lanzar ataques físicos o comerciales a los proyectos de IA Oráculo; construir los suyos propios, o ir más allá, procurando impedir el mismo proyecto, "del competidor", desde su inicio.

Por tanto, a menos que la IA Oráculo sea por completo secreta, sus diseñadores deberían comprometerse a no preguntarle cuestiones que pudiesen situarlos en una posición de preminencia y poder sobre otros, o aquellas con implicaciones políticas y militares directas.

Por ejemplo, no sería lo mismo preguntar cómo curar el VIH, o las consecuencias a diez años de incrementar un 1% el impuesto global de la riqueza, que preguntas tales como ¿existe Dios?; o, ¿de acuerdo a los modelos sociales estándares, qué país es superior, China, Francia o EE.UU.?[29] Cuestiones que, previsiblemente, solo dispararían la competitividad para controlarla, en beneficio y supremacía del primero que logre ese nivel técnico.

Con los autores proponiendo, para soslayar o disminuir ese riesgo, una consulta en internet sobre las cuestiones a plantear, con mayorías reforzadas de incluso nueve sobre diez para las preguntas más sensibles.

Llegando a contemplar – si queremos evitar negarle información sobre nosotros o el mundo social real, que probablemente sería algo imposible de evitar – que se operase la IA Oráculo no en nuestra realidad, sino como subrutina de otro programa que modela una realidad falsa. Con la versión más fácil operando en una máquina virtual, para comprobar si la IA Oráculo, una vez introducidos los datos, o parte de los mismos, se comportará de forma errónea, o no acorde con la intención inicial, antes de que sea demasiado tarde. Otros métodos serían definir previamente, de forma estricta, las normas y objetivos que se quieren lograr, para que los programadores se ciñesen a estos de forma rigurosa; limitaciones físicas y espaciales de sus códigos, y que se pudiese apagar si la IA Oráculo se salía de su "caja", y limitar que la IA Oráculo pueda definir libremente su tiempo, su cronología, por ejemplo, restringiendo el tiempo en el cual debe dar una respuesta, o teniéndose que apagar si no es así. Igual que sería necesario confinarla a permanecer dentro de la "caja" para la que fue diseñada.

En un escenario ideal, programándola mediante lenguaje humano, de manera que fuese posible ordenarle que permaneciera en límites seguros y correctos, e intentar diseñarla de un modo "amigable" que no pudiera resultar una amenaza para la seguridad humana, lo que ya de por sí sería una dificultad, pues a ese nivel ya estaríamos hablando de una superinteligencia.[30]

Y, si se llegase a permitir a la IA realizar simulaciones para observar las respuestas y consecuencias en seres humanos, por muy peregrina que la pregunta pueda resultarnos ahora mismo, los autores se plantean: ¿desde qué punto, podríamos considerar que las simulaciones de mentes humanas realizadas por IA llegarían a ser "seres vivos conscientes"?[31]

Más allá, añado, "¿desde cuándo la misma IA podría ser considerada consciente, por tanto, como un ser vivo en términos de derechos"? Una cuestión que sin duda abriría el terreno filosófico – y jurídico – de las respuestas, su programación y eventual terminación.

Entonces, ante la magnitud del reto, e intentando sustanciar la complejidad apenas esbozada, ¿cuáles son los riesgos previsibles, y más acuciantes, de la Inteligencia Artificial? La realidad es que los mismos expertos hoy desconocen su alcance, pues es una tecnología en permanente evolución y de algún modo *terra incognita*. Pero siguiendo los informes de IA de la Universidad de Stanford, y las publicaciones provenientes del MIT, Harvard, Oxford, Cambridge, etc. mencionados, podríamos sintetizar lo siguiente, sin ser taxativos:

1) **La posibilidad de subvertir la democracia y manipular la información, con propaganda falsa individualizada (*deepfakes*).**

¿Lo duda? La IA está ya lista para destruir cualquier carrera política. ¿Cómo? Por ejemplo, manipulando a la perfección videos o grabaciones para que muestren a un líder político en el acto u opinión más horrendos, unos días antes de las elecciones: Ha acertado, ya no podremos confiar en nuestra vista, oído o juicio.

Además, la IA permitirá el análisis de *big data* acumulativo: el control de *toda* la navegación online, compras, rastreo permanente de ubicaciones y móviles, comportamiento social, suyos y de su círculo relacional; lo que permitiría elaborar propaganda individualizada para cada ciudadano. Tergiversando la opinión de forma tendenciosa, de forma mucho más sofisticada que las herramientas utilizadas hasta ahora que, no olvidemos, en EE.UU. supusieron ventajas innegables desde la elección de Barack Obama. Al parecer, hasta el punto de impulsar el interés de potencias extranjeras para influir en el resultado;

2) **Que los algoritmos destruyan por entero el sistema financiero.** ¿Cómo? Por ejemplo, si un ordenador programado para ese fin ejecutase ventas masivas, en segundos, según instrucciones de maximizar beneficios, provocando pérdidas colosales, comprando entonces barato, y revendiendo en pocos minutos; arrastrando al sistema financiero en el pánico subsiguiente.

¿Ciencia ficción? Ya casi ocurrió. En el *"flash crash"* de mayo 2010, un operador en Londres, en una operación así en el mercado de futuros, hizo caer el Dow Jones 1.000 puntos y provocó un trillón de dólares de pérdidas durante 36 minutos.

O Knight Capital en 2012, cuyos algoritmos vendieron 397 millones de acciones en 45 minutos, provocando el caos y pérdidas de 460 millones a su compañía, que tuvo que ser adquirida por otra.

Más allá, imaginemos algo más simple conceptualmente, por divertimento: alguien poderoso, crimen organizado, o un Estado "golfo", dedica recursos a programar IA con el objetivo de acumular dinero, o en sentido amplio controlar el mayor número de propiedades posibles, como valor de prestigio y poder en sí mismo, como sucede hoy. Desde ese prisma, ¿no sería manipular banca y registros para robarlo, pura y simplemente, el camino más corto para la IA más avanzada? En ese escenario, ¿tendríamos quizá una guerra de máquinas que competirían entre sí, para hacerse con esos recursos?;

3) **Las armas autónomas**, tan relevantes que requerirán atención detallada más adelante. Por ahora, digamos que es una tecnología que no se restringe a lo militar, sino Inteligencia Artificial muy barata y en código abierto, fácil de usar y accesible para aquellos que quieran emplearla de forma maliciosa.

Drones que, aunando identificación facial, puedan averiguar el paradero de un líder a eliminar, sin poder saber quién fue el responsable. Por supuesto, armas y vehículos sin intervención humana, y más allá autónomos, para atentados: imagine entonces los coches bomba del ISIS, o los aviones-drones estrellados en Torres Gemelas del mundo;

4) **Supresión de toda privacidad que, junto a la tecnología de reconocimiento facial y ubicuas cámaras – como en China, que añade el control de móviles y navegación web – llevasen a un régimen orwelliano.**

Algo que luego analizaremos en un epígrafe específico para el caso chino, que se agravaría con la posibilidad de combinar tecnologías, aún en pañales, para la llamada "prevención del crimen". Máquinas que nunca olvidan, manejan una cantidad ingente de datos, y una policía "predictiva", basada en AI. Elaborando perfiles individualizados, además de saber la ubicación permanente (pensemos hoy en las pulseras de control judicial) de aquellos que, hipotéticamente, podrían cometer actos criminales (para actuar *preventivamente* en consecuencia), lo que con facilidad podría adquirir connotaciones discriminatorias – de origen étnico, económicas, extracto social, etc., y por supuesto ideas políticas – y, aún, incrementar los mimbres totalitarios. Una policía predictiva usada en Nueva York desde 1995, China y otros países.

Más adelante, como dijimos, dedicaremos atención al "sistema de crédito y vigilancia social" chino, que podría adquirir una deriva aterradora.

Como anticipo, sigamos por ejemplo la noticia aparecida en el diario *The Guardian*[32], según la cual la policía china podría seguir a los manifestantes "activando" una alarma al efecto en el software de las cámaras Hikvision, cuyo fabricante habría puesto en marcha, según el diario, tales herramientas al servicio de las fuerzas de seguridad chinas, lo que en la práctica suprimiría toda posibilidad de disenso en el país, frente a un régimen monolítico. Tales alarmas se activarían "frente a las reuniones que pudiesen perturbar el orden en lugares públicos, o atacasen los órganos del Estado", "amenacen el tráfico", provoquen "saqueos en revueltas", "asambleas ilegales, procesiones, manifestaciones", y amenazas "sobre petición (a delimitar)".

Unas actividades que añaden ofensas como el "juego", la "vulneración del derecho a la propiedad", "robo", "tráfico de mujeres y niños", "pornografía", o eventos como "peligro de incendio", "religión" o la secta "Falun Gong", especialmente perseguida en China pues, como toda religión, sigue criterios no sometidos al Estado, que podrían infiltrar los órganos de poder, y cuestionar este.

¿Un ejemplo de cómo la tecnología puede hacer inútil, o vulnerar, el derecho? Elijamos China, según el caso dado, aunque hay muchos otros Estados donde ya ocurre, incluyendo países occidentales, en diversas áreas relacionadas con la privacidad y la seguridad.

En China, técnicamente, el derecho de reunión y el derecho a la libertad religiosa son constitucionales, pero el uso de esta tecnología, con esos fines, los vaciaría de contenido. Primando "la ley y el orden", según lo que dicta un gobierno no electivo, frente a la propia Constitución del país.

Lo que lleva a la siguiente pregunta: si se pueden vigilar los espacios públicos, bajo esas premisas, ¿qué impide que se supervisen – con la ayuda de las bases de datos que la Inteligencia Artificial permitirá – los espacios y movimientos *"privados"*, si en la práctica las cámaras y el aparato de seguridad en China tienden a controlar la circulación de prácticamente toda la población; en especial si se le adiciona toda la información de sus teléfonos, ubicación GPS, navegación online, WeChat, redes sociales, *movimientos* físicos, compras, etc.; de ellos y sus círculos relacionales?

Como ejemplo, según *The Guardian*, además de numerosos testimonios de uigures y tibetanos en sus regiones y en el extranjero, y lo sucedido en Hong Kong, la policía china habría estado llamando a manifestantes que participaron en las protestas contra las políticas y medidas contra el Covid. Eso, a pesar de que el gobierno, de inmediato, eliminó el grueso de barreras preventivas, controles y cuarentenas. De hecho, dando la razón a los manifestantes y demostrando que, en el caos resultante, en tres años desde su inicio, ni habían vacunado al grueso de la población china, ni sus vacunas parecen ser de calidad suficiente, por orgullo "nacional" y no comprarlas fuera.

Los documentos técnicos de la compañía, siempre según *The Guardian*, ilustran el alcance de los datos sobre individuos, pues Hikvision permitiría guardar atributos personales, que incluirían – además del aspecto físico, si lleva gafas, el tipo de pelo, el color de sus cazadoras, su rango de edad o si sonríen – el estatus político, religioso y la etnicidad. Y pensemos que Hikvision había ganado un contrato en 2018 para instalar sus sistemas de reconocimiento facial en la entrada de 967 mezquitas en Xinjiang, donde, según un informe de Naciones Unidas las acciones chinas contra los uigures podrían equivaler a "un crimen contra la humanidad". Algo a considerar, con toda la prevención por la rivalidad China vs. EE.UU., trasladada a la ONU (y el *soft power* de ciertas ONG).

Reseñar que Hikvision ha negado siempre que su software facilitase tales prácticas, recalcando que siempre "seguían la legalidad";

5) **Discriminación médica**, por ejemplo, rechazando los seguros a aquellos pacientes con historiales que, según la IA, auguren enfermedades largas y por tanto costosas, además de discriminación laboral por razones médicas, e incluso ramificaciones de seguridad, control social y privacidad. Por poner dos ejemplos, ¿se permitiría a un enfermo contagioso moverse o tener relaciones libremente? O, en un contexto moral decidido por ciertas mayorías, como sucede en no pocos países ¿se autorizarían las formas de sexualidad y relación fuera de la aceptación mayoritaria?;

6) **Tecno-solucionismo y regresión humana en el aprendizaje**, al confiar en las máquinas, que gestionarían el grueso de las actividades.

Para ejemplificarlo, ¿cómo convenceríamos a un adolescente para aprender matemáticas, idiomas, contabilidad o derecho, si una máquina estuviese en condiciones de darle la respuesta en su móvil de modo instantáneo?;

7) **Discriminación por el uso de la IA**, que tanto en el ámbito estadístico de la justicia como en la sanidad con facilidad podrían implicar favoritismo o postergación intrínsecos, por razones raciales o socio-económicas; fuere para recibir atención médica, ayudas sociales o, en el ámbito de la justicia y represión, dictar medidas cautelares o dictaminar mayores castigos, con sentencias gestionadas más y más por algoritmos;

8) **Ciber ataques o virus a sistemas para anularlos o variar sus objetivos iniciales**, etc. Formas de *hacking* o *phishing* renovadas. Un tema complejo de analizar, por la propia evolución tecnológica, que traerá amenazas nuevas a medida que se implementen contramedidas, como ocurre con los antivirus actuales o el fraude por banca electrónica. Usualmente, manipulando el eslabón más débil: nuestra ignorancia o candidez;

9) **Vehículos / aviones / barcos autónomos que pierden el control y provocan accidentes**; o manipulación de los medios de control del tráfico (actual, o de lo que vaya a venir), basados en IA;

10) **Suplantaciones de identidades de bancos, tarjetas, etc.... o mensajes de vídeo falsos** de su hija en una emergencia, pidiéndole una transferencia urgente, algo que la IA podrá realizar a la perfección;

11) **Conjunción de IA y biotecnología**, que – como todo lo expuesto – tiene un anverso y un reverso. En el anverso, la combinación de estos dos campos, multiplicativa, podría ofrecer beneficios inmensos para la salud humana y la bioseguridad. Con hitos en medicina de precisión, biovigilancia mejorada, y descubrimientos de nuevas contramedidas médicas, así como facilitar respuestas de emergencia más efectivas en el ámbito de la medicina pública.[33]

Avances críticos en biología, como la secuenciación de la siguiente generación de ADN, su síntesis *ex novo*, la edición de genes, la genómica y bioinformática, pueden llegar a ser un componente principal de la siguiente revolución tecnológica. Con la IA y la biotecnología como pilares de la cuarta revolución industrial.[34]

En su reverso, como toda tecnología transformadora, las nuevas oportunidades devienen riesgos, en paralelo. Siendo los más notables, pero ni mucho menos una lista excluyente, la manipulación de secuencias de ADN o aparatos médicos, la vulneración de la bioseguridad en laboratorios, la identificación asistida por IA de factores virales, la manipulación de virus antiguos, o el diseño de nuevos patógenos, que podrían incrementar el riesgo de una catástrofe biológica global si fuesen liberados, accidental o deliberadamente, pues la IA y el aprendizaje de máquinas tienen el potencial para ayudar en estos procesos; disminuyendo las barreras técnicas, además de facilitar su acceso.[35]

Una amenaza biotecnológica que, específicamente, figuraba entre las recomendaciones principales de expertos de la Universidad de Cambridge para diseñar políticas detalladas de protección para Reino Unido. Adicionalmente, llamando a su gobierno para devenir líder global en el establecimiento de medidas de resistencia, de largo alcance, frente a los riesgos extremos, o frente a una IA no alineada con los objetivos y valores humanos; requiriéndolo para impulsar y liderar un tratado internacional sobre los riesgos para el futuro de la humanidad.[36]

¿Cómo definen los sabios británicos los "riesgos extremos"? Como amenazas de alto impacto con alcance global; que incluyen riesgos de catástrofes globales – con la memoria del Covid fresca –, y riesgos existenciales, que significarían la extinción humana.[37]

El informe de Cambridge subraya además que la respuesta de cientos de científicos cuestionados había estimado, en promedio, que la IA alcanzaría el nivel general de inteligencia humana en torno a 35 años (desde la fecha de la encuesta). Y, por supuesto – continúa – no había razón para que la IA se detuviera en los niveles humanos de inteligencia. Algo que podría traer numerosos beneficios, pero también riesgos extremos, si la IA no se comportara de una forma alineada con los objetivos y valores humanos.

Un informe que, en su vertiente política, no debería ser una sorpresa, pues en ese país siempre han procurado estar en las salsas importantes, para modelarlas. Sabiduría, por cierto, que, tanto en la creación de equipos interdisciplinares cualificados, como de las recomendaciones del mismo informe, que circula gratis (por lo menos en su vertiente pública), quizá deberían merecer atención gubernamental en España, pues sus conclusiones son extrapolables a nivel mundial.

Empezando – como recomiendan los expertos británicos – por desarrollar metagenómica clínica (con un costo muy moderado), que permitiría identificar patógenos inesperados en los primeros pacientes infectados, en lugar de muchos meses más tarde, como sucedió con el Covid, tras millones de muertos; algo que sería especialmente grave en caso de bioterrorismo, o guerra biológica.

¿Cómo funcionaría ahí la IA? El secuenciador metagenómico toma una muestra de un paciente, secuencia el ADN de todos los organismos en él, y automáticamente los compara a una base de datos conocida de patógenos, encontrando los emparejamientos más cercanos.

Prácticos siempre, los británicos recomiendan incentivar esta investigación a través de premios competitivos, tan pequeños como tres millones de libras, que según ellos lograrían una tasa de eficiencia en resultados diez veces superior a los obtenidos financiando proyectos de investigación tradicionales, además de descubrir nuevos talentos y equipos.[38]

(12) El impacto de la IA en la desigualdad y en sentido extenso la estructura social y económica.

Desde la perspectiva económica sin más principio que la rentabilidad *per se*, la posibilidad de complementar o substituir por entero el (caro) trabajo humano por software barato – que a día de hoy sería deducible como gasto a efectos impositivos – promete ratios de rápido crecimiento y alta productividad. Desde la perspectiva social, promete una catástrofe, si la estructura actual permanece inalterada.

De nuevo, se trata de preguntar para qué, y a quién, debe servir la economía.

Es interesante abordar, de forma separada, lo que el informe de los sabios de la Universidad de Cambridge define como "riesgos estructurales", que aparecerían a más largo plazo en IA. Por ejemplo, el mal uso de la Inteligencia Artificial para variar estructuras políticas, sociales o económicas, lo que podría exacerbar desigualdades existentes (de las que no detalla sus causas), provocar un rápido y extenso desempleo, o concentrar el poder de forma dramática en manos de unas pocas compañías o

Estados.[39]

Una reflexión que conecta con la preocupación central de este trabajo, y la anterior obra de este autor, "Se ha dejado algo, Sr. Piketty. Un estudio sobre desigualdad.", de contenido reiteradamente referido a lo largo de este ensayo.

Porque si no se cambia el modelo actual, una IA controlada por oligopolios *Amazónicos*, que además no pagasen impuestos suficientes, como es la tendencia de las últimas décadas, tiene la capacidad de generar una explosión de desigualdad y revueltas, que no haría sino incrementarse exponencialmente, por las posibilidades de la nueva tecnología, y el poder otorgado a aquellos con la fuerza financiera, capacidad tecnológica, economías de escala y control de mercado, salvo medidas políticas que lo paliasen.

¿Inquieto? Debería.

Como ejemplo de la necesidad de cambio estructural, veamos la realidad actual *antes* del embate anunciado de la inteligencia artificial, que automatizará todos los empleos repetitivos y de manufactura, entre muchos otros, como se ha descrito. Abordemos el incremento de desigualdad que lleva ya años produciéndose, y analicemos el impacto a venir de la robótica en la manufactura del bien más intercambiado en la historia de la humanidad; drogas, armas y petróleo, aparte: el algodón (hoy el textil). Un cambio que ya está ahí, a la vuelta de la esquina.

Ahora, lector, le pido que abra su mente a, quizás, una realidad que no ha experimentado. Una realidad que el que suscribe presencia a diario en Camboya y en otros muchos países asiáticos de manufactura; como desde hace veinticinco años ha confrontado en China, dependiendo de las regiones, a medida que se desarrollaba el país: esta de la miseria, y la de aquellos Estados que albergan zonas francas, o zonas económicas especiales, donde se trabaja entre 60 y 220 dólares al mes, seis días a la semana, doce horas al día, sin coberturas sociales.

Zonas donde el nivel educativo, y los medios para construirlo, son débiles o nulos. Áreas de gran pobreza, que serán arrasadas si la IA automatiza la confección textil, el calzado, la marroquinería o la automoción.

Casi la mitad del mundo.

Regiones enteras donde no habrá reconversión educativa posible, como propugnan los informes de Deloitte y la Universidad de Oxford, y en general demandan todos los expertos, como remedio para combatir los efectos de la Inteligencia Artificial. Por la sencilla razón de que carecen de educación básica e infraestructura, en su gran mayoría, además de la pobreza extrema y las restricciones de emigración. Permitiendo la circulación de bienes y capitales, pero impidiendo el movimiento de personas, en puridad en contra del credo liberal, para en esa visión un correcto ensamblaje "de los factores". Al tiempo que las nuevas tecnologías amenazarán por completo sus magras fuentes de empleo.

No están claras las cifras, ni tampoco hay acuerdo sobre la fuerza del vendaval robótico, ni cómo nos afectará. Lo que está claro es que será un temporal fuerza 10, y que sobre todo atañerá al empleo y la fuerza de trabajo menos cualificada.

La mitad del mundo, sin casi – en dos decenios.

Y esto también lo anuncia, entre líneas, uno de los actores principales de la globalización, tal y como se ha hecho, y el actual estado de cosas: la consultora *Deloitte*.

Un cambio que, previsiblemente, de no tomarse medidas, como se ha explicado, significará mayor desigualdad a escala internacional, y mayor aún a escala doméstica.

Con una diferencia entre aquellos que se beneficien de la robotización, y aquéllos que no puedan adaptarse, por falta de cualificación o porque, simplemente, su máquina de coser sea sustituida por un robot.

Un proceso como digo estrechamente vinculado al control de la finanza, las economías de escala, la planificación fiscal, y la posición de dominio en el comercio, que no harán sino reforzar la preeminencia y acceso a las tecnologías que cambiarán el mundo; acentuando ese dominio hasta extremos de exclusión que, llegado a un punto, no controlaría ningún aparato represivo, nacional o internacional.

El trabajo de Deloitte es la continuación de un informe previo, elaborado por la misma consultora,[40] con expertos de la universidad de Oxford (GB), que anunciaba que, en diez o veinte años, en torno al 35% de la fuerza laboral de Reino Unido podría verse afectada por la robótica.

Dada la polvareda que levantó, Deloitte prosiguió con el siguiente estudio.

Transcribo pues, lector, a Deloitte.[41]

"Mientras que la tecnología ha potencialmente contribuido a la pérdida de más de 800.000 puestos de trabajo de baja cualificación (en Reino Unido), existe una fuerte evidencia que sugiere que, al tiempo, ha creado casi 3.5 millones de nuevos empleos de alta cualificación en su lugar. Cada uno de estos empleos, de media, añade 10.000 libras (11.000 €) por año, sobre el trabajo perdido.

De modo crucial, cada región de Reino Unido se ha beneficiado, y nosotros estimamos que [el cambio tecnológico] ha añadido 140 billones de libras a la economía británica en nuevos ingresos."

Y continúa, "una fuerte tendencia a través del tiempo sugiere que las tareas repetitivas y rutinarias realizadas por humanos serán desarrolladas, cada vez más, por máquinas (¿le recuerda en algo al párrafo de Orwell citado al inicio de esta obra?). Los datos muestran que los empleos perdidos son empleos manuales y administrativos, en ocupaciones de baja cualificación.

Mientras tanto, miles de nuevos empleos están siendo creados cada año en tecnología y ocupaciones creativas, negocios y servicios profesionales, en profesiones de atención sanitaria y cuidados.

Estos empleos en crecimiento requieren de un alto grado de destreza y más altos conocimientos cognitivos, tales como aquellos que dependen de la gestión directiva o la interacción social humana.

[...] Asegurarse que la fuerza de trabajo del futuro tiene los conocimientos y educación correctos es vital. [...] Las mayores prioridades serán *know-how* digital, creatividad, cargos directivos y de liderazgo, espíritu emprendedor y capacidad para resolver problemas complejos."

En relación a China, que se augura primera potencia económica mundial en un decenio, las implicaciones de su estrategia en IA son numerosas.

Investigadores de Price Waterhouse Coopers estimaron, en 2017, que China es el país al que más beneficiarán las tecnologías de IA, previendo un potencial crecimiento de PIB de un 26%. Al tiempo, McKinsey Global Institute apoyó esa visión, pero estimó que el 51% de la fuerza de trabajo en China, que hoy en gran parte realiza labores de manufactura repetitivas, podría ser automatizada – más que ningún otro país en el mundo.[42]

Y pensemos que China tiene 1.400 millones de personas, y una demografía en declive. Si los datos de McKinsey se prueban correctos, China, más que ningún otro país, necesitaría un cambio de política social radical, para cubrir las necesidades de un volumen de población semejante, excluida o desplazada del trabajo, y sin el nivel de formación del que hablaba el informe de Deloitte.

Además de la desigualdad en los ingresos, aún, la Inteligencia Artificial podría disparar las muchas divisiones subyacentes en la furiosamente competitiva sociedad china, embarcada en la mayor migración y cambio de modelo social – el paso de una sociedad rural a una urbana – de la historia: la diferencia entre el campo y la ciudad, educativas, pues la universidad en la que se estudie determinará el futuro del estudiante, de edades y género, regionales, la pujante costa del Pacífico y el interior del país, las minorías étnicas, etc.

Con esas cifras en mente – y no hemos mencionado a India, pronto el país más poblado del globo –, Price Waterhouse Coopers, en otro informe, propugnó que la IA podría contribuir con USD 15.7 trillones a la economía del mundo, para 2030.[43] Mucho dinero. Pero la cuestión principal es otra, ya formulada: ¿podrá la estructura actual del mundo asegurar que ese crecimiento económico revierte en las mayorías, conservando la capacidad impositiva de los Estados para proveer bienes públicos (y aumentarlo en muchos casos, para asegurar el reciclaje formativo)? ¿O será un crecimiento que concentre todavía más la riqueza, y desprovea a los Estados aún más, agudizando unos déficits insostenibles, con el consiguiente perjuicio al suministro de políticas sociales y bienes públicos igualadores?

Trataremos de responder más adelante, en el plano de principios.

El 30 de mayo de 2015, el semanario *The Economist* expuso en su artículo *"made to measure"*[44] que los avances en máquinas de coser robóticas – que se unen a los ya existentes en diseño 3D, sistemas CAD, corte automático, empaquetado y logística – ya probados en los Estados Unidos, podrían terminar afectando gravemente a los empleos textiles de baja cualificación en los centros manufactureros asiáticos, de Iberoamérica y, ahora, africanos.

Estos manufactureros americanos de vanguardia habrían tenido éxito en el uso de innovadores robots con capacidad para juntar y coser piezas, levantarlas automáticamente una vez cosidas y moverlas a la siguiente fase.

No hace falta remarcar que, de tener éxito, su impacto en el empleo de baja cualificación en los países más pobres, de alta concentración de PIB en la exportación textil o de manufactura (en numerosos países asiáticos como Bangladesh, Pakistán o Camboya, pero también en Iberoamérica o África), sería devastador.

¿Otro ejemplo en un sector de consumo distinto? La empresa taiwanesa Foxconn, que ensambla iPhone y emplea más de un millón de trabajadores en China, anunciara en 2016 que en el año 2018 esperaba sustituir el 70% de su mano de obra por robots creados al efecto.[45]

Estando las aguas así de revueltas, en 2016 fue la veterana Organización Internacional del Trabajo (OIT), la que publicó un informe[46] sobre la posible incidencia sectorial de la robótica en ASEAN (el sudeste asiático).

ASEAN, con una economía combinada de 2.6 trillones de dólares USA, una población de 632 millones de personas y grandes diferencias socio-económicas entre países miembros. Una región extremadamente joven, que a priori recogerá una parte sustancial de la deslocalización de producción procedente de empresas chinas; tanto de multinacionales extranjeras, como de los propios grupos del mundo chino (China popular, Hong Kong, Taiwán, Singapur, Vancouver, y todas las minorías chinas en Asia que controlan las economías de sus países), estableciendo sociedades allí para beneficiarse de menores costos y libre acceso arancelario a los mercados finales en el futuro, si el viento sigue soplando en la misma dirección geopolítica.

El informe de la OIT empieza constatando que no solo la

investigación ya existente apunta que la analítica predictiva, la inteligencia artificial, las impresoras 3D, el internet de las cosas, la nanotecnología, la automatización y la robótica, están mejorando y abaratando su rendimiento de forma rápida, sino que adicionalmente están siendo combinadas en su uso, magnificando sus efectos.[47]

Y no olvidemos que las máquinas, en ese escenario, no solo tendrían el potencial de "liberar" humanos de las tareas más pesadas o peligrosas, sino que son empleados que no harían huelgas (de costo, además, deducible en impuesto de sociedades como gasto), trabajarían las 24 horas sin cargas sociales, podrían ser despedidos desenchufándolos, y supondrían por todo ello un factor psicológico importante para el control salarial de los que aún conservasen sus empleos; como la posibilidad de deslocalizaciones empresariales lo lleva siendo treinta años.

Tecnología que será mayormente adquirida por las corporaciones con más capital, al menos de inicio. Lo que les permitirá aumentar, todavía más, su ventaja competitiva con respecto a las empresas más pequeñas, que no puedan hacerlo.

Yendo desde lo particular a la globalidad, es interesante prestar atención al informe de la OIT sobre Camboya, pues Camboya es de hecho un buen ejemplo extrapolable a muchos países pobres… o países hoy más avanzados que podrían llegar a serlo.

Con gran población joven, en su vertiente exportadora (como se ha dicho, el textil hace más de un 70% de las exportaciones del país, como en tantos otros países pobres de manufactura), Camboya es una economía plenamente integrada en el sistema-mundo.

Junto al sector tradicional de una agricultura que no deja de ser de subsistencia, el 60% de su fuerza laboral (no informal) se concentra en la confección textil, sobre todo en zonas francas "de desarrollo especial", de grandes facilidades laborales y fiscales para las empresas multinacionales que allí operan; incluyendo exenciones de impuestos durante 7 años si se constituyen con una determinada forma jurídica diseñada al efecto.

Unas ventajas fiscales que pueden ser renovadas – como en tantos países pobres, a costa de pueblos sin bienes públicos básicos – si, al transcurrir ese plazo, se constituye otra sociedad bajo el paraguas legal especial del *Cambodian Development Council*, presidido por el eterno Primer Ministro *samdech* Hun Sen, cuyos tentáculos familiares y camarilla político-militar controlan *de facto* la economía del país.

Se trata de una mano de obra de poca especialización y preparación, y de una industria ligera con pocas dificultades para ser trasladada a otros países, de ser necesario.

¿Por qué está la industria allí? Por el diseño del sistema mundo.

Primero, política: Camboya pertenece al llamado "sistema de preferencias generalizado" (SPG) de comercio internacional, que en textil le da acceso libre de aranceles, o cuotas de importación, tanto al mercado norteamericano como a la Unión Europea. En otra órbita de análisis, un acceso libre de impuestos hoy en peligro, por cuestiones políticas bien distintas, como ha sido la supresión de la fuerza principal de oposición política, pronorteamericana, frente al apoyo chino al gobierno, antes de las anteriores elecciones legislativas. Dirimiendo, en una perspectiva amplia, qué país controla Camboya, en la retaguardia china de Vietnam, y acceso al mar de Tailandia, clave para el tráfico marítimo por Singapur.

Segundo, salarios. Con condiciones laborales que se "exportan" a otros países, junto con sus bienes, como se ha expuesto.

Además de prácticamente nulas cargas sociales, el salario base oficial de un aprendiz era, en 2020, de 50 $ mensuales y el de un trabajador regular de 192 $, aproximadamente; que llegan a ser 220 / 240 $ de media mensual, incluyendo las horas extraordinarias y los complementos de productividad; solo al alcance de aquellos trabajadores con los suficientes años de experiencia para alcanzar los objetivos. Y, aunque la jornada laboral es, sobre el papel, de ocho horas diarias, la práctica de cuatro horas extraordinarias, seis días por semana, es generalizada, con la magra recompensa económica mencionada, según la propia investigación de este autor, que conoce bien la realidad del país.

Tercero, porque existe una estructura internacional de producción/comercialización que permite la manufactura en países terceros, sin condiciones laborales mínimas, y una logística adaptada a ese escenario; tanto en la inmediatez del transporte exprés *(courier)* por avión para muestras – DHL, FeDex, UPS, y demás nombres –, como en líneas regulares de contenedores para producción largas, con Maersk a la cabeza de las otras navieras. Compañías marítimas que, dicho sea de paso, aprovecharon la emergencia del Covid para disparar sus beneficios, con la restricción artificial del mercado de contenedores, sin que las autoridades de competencia, o los gobiernos, intervinieran, a pesar de la crisis económica.

Estas cifras de concentración de empleo, la poca posibilidad de reciclaje debido al bajo, o inexistente, nivel de formación (y, en todo caso, la ausencia de centros de saber que pudiesen realizarlo, llegado el caso); la nula capitalización de los trabajadores para emprender actividades por ellos mismos si pierden el empleo, dado el nivel de mera subsistencia de los salarios, alertan del impacto que una reducción significativa en los niveles de ocupación, traída por la robótica y la Inteligencia Artificial, podría provocar en el tejido social.

Porque, en efecto, ahí no se daría la reconversión en cualificación que pregonaba el estudio de Deloitte para Reino Unido, si es que llega a darse en lado alguno, a la altura del envite.

Y de la posibilidad de este impacto es de lo que avisa la Organización Internacional del Trabajo (OIT), en su informe.

La OIT constata que el mundo está asistiendo a un cambio acelerado provocado por la innovación tecnológica, y que la aceleración y puesta en marcha de nuevas tecnologías tendrá efectos significativos en el modelo socio-económico vigente, a escala nacional e internacional, aunque no es capaz de precisar su alcance ni avanzar un modelo alternativo.

Es una discusión polarizada. Para algunos, como la publicidad de cierta banca en los aeropuertos, el nuevo escenario robótico-tecnológico es un mundo que abre nuevas, excitantes, oportunidades para mejorar la calidad de los productos y los estándares de vida. Para otros, es una catástrofe anunciada en términos de empleo, que sobre todo afectaría a los más débiles. Para los menos, es ambas, y un anuncio de la aceleración en la desigualdad y el proceso en curso de concentración extrema de patrimonios, en caso de que no se tomen medidas paliativas, de forma anticipada. Medidas que tendrían que preparar lo que va a venir, en todos los aspectos de la superestructura internacional que hoy condiciona a los Estados, pues el mundo es ya uno para los negocios.

Unos Estados que interactúan entre ellos, con diferentes normas y fuerza dispar, sometidos por añadidura al marco jurídico y a la presión de cada vez menos firmas que controlan el devenir de las cosas, tanto en su vertiente tecnológica, como en su poder de dominio de mercados y vigor financiero; además de financiar campañas de políticos, controlar medios de comunicación y subvencionar *think tanks*, que alimentan a los medios de comunicación principales (en gran número, poseídos por grandes fortunas) y justifican políticas que les favorecen.

Porque lo que hoy es contrastable es que el modelo existente hasta ahora ha permitido un crecimiento económico global sostenido,[48] con significativa reducción de la pobreza en China e India, si bien con zonas dejadas de lado en esa expansión, como el Sahel, y amplias zonas de Asia e Iberoamérica, pero también una mayor extensión de la desigualdad y una consolidación patrimonial en menos manos, conforme hemos expuesto.

¿Qué pasará si esta tendencia que acentúa la desigualdad no se modifica y además se añade una masiva mecanización y robótica que afecte gravemente el empleo de baja o media cualificación?

Dada la situación actual y la evolución previsible, la inquietud es legítima. Porque si la Inteligencia Artificial se despliega sin habernos preparado, evitando que su beneficio quede en pocas manos a escala global, a costa del empleo mundial, las PYMES, y de la capacidad de los Estados para recaudar impuestos que aseguren bienes públicos, en dos o tres decenios su impacto será devastador.

Basta imaginar, manteniéndonos dentro del mismo cuadro legislativo actual a escala nacional e internacional, y poniendo nombres que están en todas las calles comerciales del planeta, unas tecnologías que permitiesen reducir al mínimo los trabajadores actuales de manufactura en países pobres, para enseñas financiera, tecnológica, y comercialmente tan potentes como, por ejemplo, Zara, H&M, Uniqlo, o los principales hipermercados, que según el sector primario estrangulan los precios de su sector; pues Facebook, Amazon, Google, Alibaba y demás en el sector tecnológico ya las tienen y están a la vanguardia en su investigación. En ese escenario, la situación de concentración empresarial, comercial, y riqueza subsiguiente (para sus consejos de administración) sería sin duda muy superior a la actual; como lo sería la fragilización social y laboral para el grueso de la humanidad, en especial para las clases medias, cuya consolidación en el tiempo no debería tomarse como algo dado, de acuerdo a la tendencia en los datos ya disponibles, traídos por Piketty.

¿Qué dice, mientras, la industria en Camboya? Nada, o nada de interés – más bien al contrario –, para preocupación de sus trabajadores.

En declaraciones a *The Phnom Penh Post*,[49] Kaing Monika,

secretario general de la Asociación de Manufactureros de Confección Textil de Camboya (GMAC, por sus siglas en inglés), afirmó que "mientras la tendencia general es que los inversores equipen sus factorías con tecnología de vanguardia, es improbable que esta tenga un impacto significativo en la naturaleza intensiva en el trabajo como factor de la confección industrial camboyana."

El Sr. Monika añadió que la nueva tecnología reemplazará el trabajo manual a cierto nivel, pero no completamente, pues no es posible reemplazarlo por entero y aún hay en la actualidad muchas tareas que requieren trabajo humano.

Continuó afirmando que "esta industria nació basada en una fuerza de trabajo barata y que [la industria] permanecería competitiva, en términos de costes y atractiva para los inversores, si el gobierno continúa cultivando un buen clima para la inversión y prosigue reformas de mercado más profundas."

Terminó defendiendo que, "si nuestro clima de inversión permanece siendo el adecuado (*business friendly*) y podemos negociar acuerdos de libre comercio con los países más importantes, nuestra industria de la confección continuará siendo una fuente de empleo."

Toda una declaración de principios – más de lo mismo – y una definición de una parte sustancial del problema, *a contrario sensu*.

Sin embargo, Kevin Tang, *general manager* de la empresa (china) All Wintex Garment Manufacturing Corp. Ltd., que emplea a 500 trabajadores en la confección textil del país, declaró a *The Phnom Penh Post*[50] lo siguiente, exponiendo nítidamente la cuestión de fondo al afirmar que, "será inevitable que, si la tecnología progresa, la industria sea menos dependiente del trabajo humano". Matizando que a día de hoy su empresa no pensaba automatizarse, debido a las limitaciones actuales de la tecnología, "pues las máquinas hoy no son lo suficientemente buenas [para justificar la automatización] y son además muy caras. Sin embargo, si los salarios continúan incrementándose, será preferible usar máquinas en lugar de humanos". Añadiendo para terminar, con cándida franqueza, que las máquinas "no pueden ir a la huelga".

Estas declaraciones de gentes de la industria ilustran a la perfección el porqué de la inquietud sobre el devenir, así como el diagnóstico aquí enunciado.

Se trata de cómo se va a modelar el impacto de la innovación técnica en el empleo y en las rentas del trabajo y del capital. Cómo las poblaciones del mundo van a ganar dinero de aquí a la próxima generación – para nutrirse –, y más allá, en consecuencia, cómo se financiarán las necesidades estatales, si el mundo continúa parcelado y permanece la selva fiscal que favorece al privilegio, permitiendo la elusión. Sin que los modos de producción y dominio comercial se concentren aún más por la revolución técnica de la robótica, aumentando todavía más la desigualdad y la concentración patrimonial y de mercados.

Porque si vamos a tener máquinas que puedan generar riqueza y alivien o eviten el trabajo humano – mucho más allá de las revoluciones industrial e informática anteriores –, habrá que ir pensando métodos para que esa innovación, en efecto, sea beneficiosa para las mayorías. Por otro lado, único modo de que perduren, a largo plazo, sin explosiones sociales y toma del poder por opciones extremistas y populistas, como ya se está produciendo hasta en países que parecían inmunes, como Reino Unido, Italia o los propios EE.UU. con Trump y sus sucesores.[51]

Unan esto a los datos de concentración industrial y comercial analizados, en un contexto de comercio abierto. Únanlo a la situación fiscal actual y los paraísos fiscales, recordando los niveles de deuda pública ya alcanzados, y la ausencia de requerimientos laborales mínimos, o coberturas sociales, en los países de baja cualificación, que según *Deloitte* y *The Economist* se verán más afectados por la robótica y la sustitución del empleo. Liguémoslo todo, y no es de extrañar que la concentración de riqueza en el puñado de manos que controlan esas corporaciones con capacidad internacional, y el consiguiente incremento de la desigualdad que el análisis de Thomas Piketty y las propias estadísticas de la OCDE sobre desigualdad ponen de manifiesto, vayan a incrementarse, previsiblemente, de forma significativa.

De hecho, la historia económica y social mostraba que el bienestar del consumidor mejoraba cuando la inversión y la actividad florecen. Cuando se invertía una parte del excedente en educación, y existía un número sustancial de intervinientes en el mercado que pagaban impuestos en consonancia – un factor clave para la estabilidad social –, y el desempleo era reducido a un mínimo, como sucedió durante el auge de todas las economías más importantes. ¿Sucederá esto con el advenimiento de la IA, de no mediar cambios estructurales mayores? No.

La opuesto es la concentración de riqueza, finanza y poder político; aunado al control tecnológico.

Con PYMES que ya hoy solo pueden recurrir a la economía sumergida. Asfixiadas por los impuestos, y su falta de competitividad respecto a las multinacionales, que además controlan ya una parte muy importante del comercio final en su perjuicio, reduciendo el número de establecimientos donde vender. Y que fácilmente podrían desaparecer si el progreso técnico, como se anuncia, automatiza la manufactura y el comercio.

A añadir el fenómeno de internet, que tiene una vertiente – la de las multinacionales, con Amazon y Alibaba como paradigma creciente – que contribuye a concentrar las ventas en aún menos manos. Imponiendo condiciones coercitivas a los proveedores que intentan vender en ellas, que a su vez deben trasladarlas al régimen de subcontratas en los países de manufactura, si se trata de importaciones, y regímenes laborales con bajos salarios a los "autónomos" que trabajan para ellos, a través de empresas subcontratadas.

Y mientras, en otro orden de cosas, pero que igualmente incide en la pobreza, la inseguridad ciudadana extrema, la corrupción y exclusión en el mundo subdesarrollado, se permite la persistencia de la plaga de las drogas ilícitas, con un negocio de volumen absurdo, que reingresa al canal lícito del sistema financiero, pero fuera del alcance fiscal. Una estrategia penal probadamente fracasada, como ya había sucedido con la prohibición del alcohol en EE.UU., ante la que uno se pregunta las causas de la ceguera, para no pasar el prisma a lo que realmente es: un problema médico y, en su caso, psicológico. Porque está claro que, si uno bebe tres botellas de licor diarias, su esperanza de vida se acortará, y creará problemas sociales. Y lo mismo con las drogas, cuya ilegalidad provoca un daño social mucho mayor, visible a simple vista en un gran número de países pobres; vertiente financiera aparte.

Como ejemplo de lo que puede ser el paisaje post-Covid 19 para los gigantes corporativos, mientras las PYMES y la economía americana se despeñaban durante la pandemia, Amazon contrató 100 000 trabajadores en EE.UU., entre mediados de marzo y mediados de abril de 2020, anunciando 75 000 más de inmediato, viendo su valor bursátil subir más de un 50% desde abril de ese año.

Al tiempo, recordemos sus intenciones para realizar *picking* y *packing* con máquinas, en lugar de humanos, y sus incentivos económicos, seguros médicos transitorios e indemnizaciones a sus trabajadores actuales, para que se formen en otras empresas.

Máquinas e intenciones, quizá no ajenas a los 18.000 despidos anunciados en enero de 2023. Aunque, según la empresa, serían "para reducir costes frente a la incertidumbre económica".

¿Otro ejemplo? La cadena McDonald ha abierto su primer ambigú automatizado en Texas, EE.UU., donde no habrá personal que le atienda, sino máquinas. Con pantallas táctiles suprimiendo los cajeros, la atención personal o los trabajadores que atendían las ventanillas de McAuto, sustituyéndolos por máquinas, "para mejorar la velocidad y la precisión". Todo esto, jalando parejo a protestas sindicales en muchos lugares, pues muchos empleados de la multinacional no tenían salarios dignos en la mayoría de estados norteamericanos.[52]

Aún, la cadena de supermercados japonesa Family Mart ha anunciado la incorporación inminente, en más de 300 tiendas, de robots con brazos. Ingenios diseñados para reponer bebidas en los frigoríficos, y demás productos. Un artilugio que la empresa ha publicitado como "necesario" ante el envejecimiento de la población japonesa, sin mencionar el ahorro de costes que se producirá, ni el hecho de que podrán trabajar las 24 horas. Lo que de entrada plantea un reto fiscal inmediato, casi de cómic manga, dentro del marco estatal actual. ¿Cómo pensar entonces los gastos de bienestar social, y los impuestos? ¿Habrá que considerar esos brazos mecánicos como trabajadores, sujetos tributarios, a efectos de seguridad social y sociedades, o no será así, y en consecuencia permitirán a las empresas descontarlos como gasto, sin valorar los beneficios que permitirán, sin intervención humana, y el hecho de que trabajarán 24 horas, sin vacaciones, impidiendo el trabajo de al menos tres personas en su lugar, a tres turnos?

En última instancia, de nuevo, se trata de decidir cuál es la función de la economía; qué, cómo, y a quién sirve.

Más allá, en las coordenadas de la forma de privilegio actual, sin cambios, imaginemos un mundo por completo maximizado por la IA, con estos escenarios.

Uno, aquellos que controlen la tecnología por completo, tendrán la finanza y el poder político, además del control absoluto de los mercados, los recursos y la información máxima del consumidor, diseccionado por el *big data*. En ese cuadro, sin entrar en consideraciones políticas, el riesgo de ineficiencia monopolístico, con beneficios a la carta y regresión innovadora, no debería descartarse.

Segundo, que, en unos mercados necesariamente oligopolistas (reforzada la situación actual por la IA), las empresas se pusieran de acuerdo – escenario clásico – replicando los defectos del modelo monopolista mencionado, o por el contrario compitieran entre sí. Permitiendo que el que primero alcanzara una nueva innovación técnica decisiva destrozara los márgenes de sus competidores, hasta quebrar el modelo de competencia perfecta (o el cuadro cercano a este), maximizando factores de producción y comercialización, hasta excluir toda competencia.

Ambos, en un escenario de empleo sustituido masivamente por máquinas, y ausencia de impuestos suficientes para los Estados, no serían provechosos, en términos sociales.

Elevando la mirada, entonces, imaginemos el resultado de una economía robotizada que cuando menos impacte a la mitad de la fuerza laboral mundial, a corto - medio plazo.

Porque – ya antes del advenimiento de la IA – lo que los datos reflejados muestran es que la política para garantizar la libre competencia y prevenir situaciones oligopolistas, tanto en los EEUU como en la UE, ha fracasado.

Tenemos una situación, creciente, de concentración y dominación del comercio por las multinacionales líderes, en todos los sectores. Una eliminación de la competencia que está llevando no solo a la disminución real de variedad de oferta y compresión del espacio para las PYMES, sino a prácticas de oligopolio (cercanas al monopolio en el sector alimentario) que restringen la libertad de mercado y la elección del consumidor.

Aumentando a término la desigualdad – en los destinos finales del consumidor, y en origen de manufactura – por las razones apuntadas.

Por desgracia, parece que la conjunción de una impresionante evolución técnica – que solo hará que acelerarse, exponencialmente – y la caída del Telón de Acero en 1989, la pérdida del miedo al ogro de la revolución y los disturbios, en lugar de iluminarnos resultó en un estallido de las costuras del contrato social desarrollado tras la Segunda Guerra mundial. Una estructura que permitiera la creación de las clases medias, y que, en las últimas décadas, se ha ido laminando de forma silenciosa.

Se fragilizan las estructuras sociales, las PYMES, y las condiciones de trabajo, yendo a la precariedad. Las tiendas pequeñas, y con ellas todo un patrimonio cultural, además de empleo, riqueza y fuente de imposición, desaparecen. Vuelve el privilegio y la concentración patrimonial, anteriores a la Revolución Francesa. Se han privatizado servicios sociales básicos. En principio se nos dijo que era para aumentar la competencia, pero solo ha resultado en precios más elevados a posteriori, que además ahora se les subvencionan (como en los combustibles, la luz, o ahora la alimentación oligopolista) – paradoja de las paradojas –, a costa de déficit público.

En una digresión, como reflexión colateral en relación a la economía sumergida de las PYMES – imposibilitadas de recurrir a la planificación fiscal internacional de los oligopolios –, todavía está por analizar el impacto que la riqueza escondida proveniente de esa actividad pudo haber tenido para la recuperación económica tras la crisis de 2008, al menos en los países del sur de Europa.

Viendo - de forma provocadora, pero real – el resultado de la gestión política y financiera, que quebró buena parte de la estructura bancaria con las *subprime*, y el clientelismo en las cajas de ahorro, de base política, es lícito preguntarse qué habría ocurrido con el consumo privado si las clases medias hubiesen entregado todos sus fondos al canal oficial de la economía. Imposibilitadas a posteriori de financiar sus negocios y el consumo privado por la restricción en el crédito y la caída abrupta del volumen de negocio, y la ocupación oligopolista del comercio.

Porque no se trataba de montañas de dinero en paraísos fiscales, ni corrupción política, sino del tradicional colchón. Dinero líquido que sirvió para hacer frente a una emergencia, cuando el canal oficial y la banca dejaron de cumplir su función, por mala gestión y peor regulación.

En contraste, ahora imaginemos un mundo en el que no hubiera efectivo, con absoluto control para los de abajo – pero que no hubiera modificado las estructuras de elusión fiscal actuales –, y esa riqueza limitada ya no existiera.

Unamos a esto las previsiones de los principales centros de saber sobre la Inteligencia Artificial, y la inquietud no solo es lícita, sino necesaria, para proponer un escenario completamente nuevo, frente a una tecnología que superará toda frontera, y se retroalimentará.

Por eso nos prevenía Stephen Hawking; también o sobre todo en el aspecto social, que podría hacer saltar por los aires las ventajas de las nuevas tecnologías, de no gestionarse bien. Y bien significará crear un modelo completamente nuevo. A una velocidad de cambio que la gestión pública, política y social, a nivel nacional, pero sobre todo internacional, nunca han precisado, históricamente.

Porque, como ejemplo, ¿sabe cuáles fueron las recomendaciones principales del informe de sabios para el gobierno británico, en relación al impacto de la IA?[53] Juzgue por sí mismo su substancia.

Sus cuatro "recomendaciones de alto nivel" fueron: (1) Los planificadores políticos deberían trabajar de manera cercana con los investigadores técnicos para investigar, impedir y mitigar los posibles usos maliciosos de la IA; (2) Investigadores e ingenieros en IA deberían considerar seriamente el uso dual de su trabajo, permitiendo que las consideraciones sobre posible uso malicioso influenciaran las prioridades de su investigación y normas; contactando proactivamente a los actores relevantes cuando previeran aplicaciones dañinas resultantes; (3) Se deberían identificar las mejores prácticas en áreas de investigación, con métodos maduros, para afrontar las preocupaciones sobre el posible uso dual de sus investigaciones; como la seguridad de ordenadores; importándolas donde fuese aplicable en el caso de la IA; (4) Buscar activamente envolver y expandir el rango aquellos expertos y personas con interés en la discusión de estos retos.

Adicionalmente, en un aspecto menor, el informe recomienda: (4) Aprender de la comunidad de ciberseguridad; (5) Explorar diferentes modelos de apertura (para ponderar las consecuencias de las investigaciones en curso, para favorecer la seguridad); (6) Promover una cultura de responsabilidad, entre los investigadores en IA y sus empleadores; poniendo en valor la importancia de la educación, los estándares éticos, las normas y las expectativas; (7) Desarrollar soluciones tecnológicas y políticas para construir un futuro más seguro para la IA; con investigación específica para la protección de la privacidad, el uso coordinado de la IA para la seguridad del bien público; la observación de los recursos relevantes de IA, y otras respuestas legislativas y regulatorias.

Unas intervenciones que, según este informe, deberían envolver no solo a los investigadores en IA y sus empresas, sino a legisladores, funcionarios, reguladores, investigadores en seguridad y educadores. Porque "los retos son enormes, y los intereses altos".

Ante estas conclusiones tan buenistas, en inglés tienen una expresión intraducible al español, y es una lástima, salvo que digamos "pedir peras al olmo": "*wishful thinking*".

Porque si no se llega a un acuerdo por completo supranacional, tras comprender los riesgos, y nuestro destino común, si fallamos, surgen de inmediato dos preguntas, que podrían ser muchas, y una respuesta, de hace cientos de años: ¿Qué sucederá si hay Estados, empresas o individuos poderosos que no sigan unas recomendaciones llenas de candidez (que la historia británica muestra que tampoco seguirían ellos)? ¿Arrastrarían a los demás?

Macchiavello dijo: "todos los profetas armados, conquistaron; los desarmados, cayeron".

ARMAS AUTÓNOMAS

Recordemos que Elon Musk, en 2018, advirtió que "la Inteligencia Artificial (IA) era de lejos más peligrosa que las bombas nucleares."

Con otro tono, el gran físico Stephen Hawking – poco antes de morir – previno que el impacto de la IA podría ser un cataclismo, si su rápida evolución no se somete a un estricto control ético.

Hawking se refería a múltiples riesgos, ya comentados, pero Elon Musk se centraba en sus aspectos militares – y no es cualquiera, pues cerró determinadas líneas de investigación en sus empresas, asustado por las posibilidades que apuntaban.

¿Sobre qué versan sus miedos? Empecemos con una broma, o no tanto. Imaginemos un sofisticado sistema de IA con el objetivo, digamos, de estimar una estadística sin margen de error. La IA entiende que lo calcularía con más facilidad si usa todos los ordenadores del mundo, lo que es difícil, o simplemente disemina todas las super armas biológicas existentes para eliminar a la población, y llegar a un cálculo 100% exacto, de manera "eficiente".

Por supuesto, no solo estaría el caso extremo, que a día de hoy desecha la mayoría de la comunidad científica: *Terminators* que decidan acabar con la humanidad para su propia preservación, obtención de recursos, o considerarnos innecesarios. Pero, ¿qué, si la IA decide lanzar armas nucleares o biológicas, sin intervención humana? ¿Qué, si un enemigo manipula datos para lanzar o retornar misiles guiados por IA, una vez disparados?

Son posibilidades, las dos serían catastróficas, y así les pareció a

30.000 investigadores en robótica e IA, que firmaron una carta abierta para su control en 2015.

En ella, afirmaban que "la cuestión clave para la humanidad hoy es si debemos empezar una carrera armamentística en IA, o impedir que comience. Porque, si cualquier potencia militar mayor inicia el desarrollo de armas con IA, será inevitable una carrera armamentística global (que empuje sus límites), cuyo fin tecnológico sería obvio: que las armas autónomas devinieran los *kalashnikov* de mañana."

Porque, a diferencia de las armas nucleares, la IA bélica no requiere de infraestructuras o hardware muy costoso y complejo. Por tanto, sería una cuestión de tiempo (decenios) que se generalizaran, con producción masiva, y de inmediato aparecieran en el mercado negro para terroristas, señores de la guerra, dictadores, o Estados totalitarios que quisiesen aplastar a su población.

¿Le trae inquietud?

El presupuesto militar estadounidense para 2020 fue de 718 billones de dólares, y asignó "de forma oficial" (no secreta, y la precisión es intencionada) 1 billón al desarrollo de IA y aprendizaje de máquinas para áreas como logística, análisis de inteligencia (que serán inevitables, y deseables en labores como el desminado) y, sí, armas por IA.[54]

Eso, a pesar de que Obama, en 2012, emitió una directiva en "sistemas de armas autónomas" que determinaba que siempre deberían permitir el control a sus comandantes (humanos).

Según el Washington Post, una orden ignorada por el Pentágono, que publicó una guía ética sobre desarrollo y uso de IA que dejaba en manos de los militares "si" y "cómo" proseguir con ellas. Ahora, imaginemos Estados opacos como China o Rusia, que queramos o no arrastrarán a otros que no quisieran seguir ese camino.

En efecto, en el lado chino, sus expertos caracterizan a la IA como una tecnología que podría proveer una decisiva ventaja estratégica en el ámbito de la seguridad internacional, y aunque no desvelan los aspectos más sensibles de sus avances, sus líderes militares enfatizan su importancia. Por ejemplo, el teniente general Liu Guozhi, director de la Comisión Militar Central para Ciencia y Tecnología, declaró que el mundo "está en el albor de una nueva revolución científica y tecnológica", y aquellos que "no irrumpan en ella, serán irrumpidos por quienes sí lo hagan."

Combinado con el uso dual de la IA, intrínseco a su naturaleza, el elevado grado de fusión civil y militar de China plantea preocupaciones adicionales en cuanto a las aplicaciones militares de la IA. Como quintaesencia de esa fusión, Li Deyi es a la vez director de la Asociación China para la IA, y a la vez general en el Ejército Popular de Liberación.[55]

Y aunque China parece carecer hoy de una estrategia precisa a nivel militar para la IA, sí invierte medios crecientes en la investigación de robots de uso militar, que le permitan incorporar vehículos militares autónomos, no tripulados, en sus cuatro fuerzas – naval, terrestre, aérea y balística –, además de misiles inteligentes, que pronto podrían cuestionar la presencia militar norteamericana en el Pacífico.

Una China que confronta India – otra potencia nuclear – en 3.000 km de las alturas del Himalaya, que por lo de pronto en enero de 2023 anunció la licitación de casi 2.000 drones iniciales para tareas de reconocimiento y suministro logístico a sus puestos de avanzada militar a 5.000 metros de altitud; sobre todo en Ladakh y en Arunachal Pradesh, pero también en Jammu Cachemira, y otras zonas fronterizas con China.

Aún, las armas autónomas son ideales para asesinatos, desestabilizar naciones, someter poblaciones, limpieza étnica de un grupo particular, fácilmente identificable por los datos acumulados e identificación facial.

¿Qué necesitaría un grupo terrorista como el ISIS? Un dron

no tripulado, reconocimiento facial y comunicación máquina-a-máquina. Las tres fácilmente accesibles, baratas, y ya en el mercado.

El hecho es que a día de hoy ningún Estado importante ha aceptado su prohibición, con el argumento que su proliferación y uso ya están regulados por el derecho humanitario, y que no hay que exagerar, pues son tecnologías que aún no se han desplegado…

En ese escenario, el Instituto para el Futuro de la Humanidad, de la Universidad de Oxford, publicó un artículo evaluativo[56] de los escenarios competitivos para desarrollar IA militar, y las conclusiones son desalentadoras. Presentando un simple modelo de carrera armamentística, donde varios equipos de desarrollo (países) competían para construir el primer equipo basado en IA.

Suponiendo que el primer equipo será muy poderoso y transformador (en términos de poder y ventaja militares obtenidos respecto a los países retrasados; algo así como supusieron la pólvora o las bombas atómicas en su comienzo), cada equipo (país) será incentivado para lograrlo el primero. Si es necesario, dejando de lado las precauciones de seguridad y su evaluación.

De hecho, el trabajo consideró el llamado "equilibrio de Nash" en el proceso, donde cada equipo tomaría los precauciones de seguridad correctas en la carrera armamentística de IA. Pero, aún en ese supuesto, el trabajo demostró el hecho de que, al haber varios equipos diferentes de desarrollo, y un grado extra de enemistad entre dichos equipos, la asunción de riesgos sería más importante que el nivel de conocimiento a obtener, para desarrollar el armamento basado en IA.

Sorprendentemente, poseer información también incrementa los riesgos: cuantos más equipos conozcan las capacidades de los países rivales, el peligro crecerá de forma exponencial.

Y, embarcados en esa carrera, recordemos que Gary Marcus afirmó que "el riesgo de que las máquinas se opongan a los humanos en batallas por recursos y su propia preservación no puede ser descartado."[57]

EL EXPERIMENTO CHINO. ¿LA INTELIGENCIA ARTIFICIAL ORWELLIANA?

China tiene en curso el mayor experimento de control del individuo, con especial acento en uigures y tibetanos, agravado por el control draconiano del Covid. La censura, ahora largamente automatizada, ha alcanzado niveles de precisión sin precedentes, ayudada por el aprendizaje de máquinas, y el reconocimiento de voz e imagen.

En relación a la IA, el Consejo de Estado publicó una guía "para la Estrategia Nacional de IA" en julio de 2017,[58] aunque sus principios bebían de fuentes anteriores y ambiciosos desarrollos – guardemos siempre en mente el tamaño del país, y la autonomía regional de áreas clave como Cantón (con el *hub* tecnológico de Shenzhen), Shanghái, Tianjin, Zhejiang o la misma Pekín – en marcha a nivel local o provincial, amén de la aportación clave de empresas tecnológicas privadas, más o menos vinculadas al gobierno, a la vanguardia mundial en distintos campos.

Este plan del Consejo de Estado marcó objetivos mayores para el crecimiento de la industria china de IA. Con tres pasos para lograr el sueño chino de liderar el mundo en IA (y podríamos decir liderarlo, en todos los ámbitos; lo que en la óptica china parece significar ir por delante de EE.UU., o de cualquier otra fuerza que pueda repetir la sumisión china frente a los poderes extranjeros, ocurrida hasta la revolución comunista).

Según el plan del Consejo de Estado, para 2020, la industria de IA china debería estar "en línea" con los países más avanzados, con un valor de producción de 150 billones de RMB (USD 22.5 billones) e industrias relacionadas por un valor excediendo 1 trillón de RMB (USD 150.8 billones).

Para el año 2025, China debería haber alcanzado un nivel a la altura "de los líderes del mundo" en IA, con una industria de IA excediendo los 400 billones de RMB (USD 60 billones) y un valor para las empresas relacionadas excediendo los 5 trillones de RMB (USD 754 billones).

Para el año 2030, China debería llegar a ser "el centro primario de innovación mundial de IA". Con una industria de IA excediendo el trillón de remimbi (USD 150.8 billones) y empresas relacionados con un valor que superaría los 10 trillones de RMB (USD 1.5 trillones). Lo que apareja la ambición de alcanzar el nivel de los países a la vanguardia en IA, convertirse en uno de los líderes mundiales del sector, y alcanzar la primacía en la innovación de IA.

Pese a que es difícil precisar qué es IA en ese plan, y qué la diferencia entre IA central e IA de industrias relacionadas, son objetivos que impresionan, aunque no necesariamente signifiquen que los lograrán, en los plazos marcados. Pero sí muestran el tamaño de su ambición, y la voluntad de comprometer los recursos necesarios para lograr el liderazgo.

En ese aspecto, el plan "Internet Plus" y el plan "para la Implementación de IA en tres años", emitidos por el NDRC, son más precisos. Detallando 9 áreas tecnológicas mayores, para las "tecnologías centrales de IA", que incluirían investigación básica en aprendizaje profundo, el desarrollo de software básico y hardware como chips y sensores (que los EE.UU. procuran bloquear, o al menos ralentizar, en la batalla por los semiconductores en curso), e investigación aplicada en áreas como *computer vision* y ciberseguridad. Diferenciando esas tecnologías de IA "centrales" de ocho tipos distintos, que como ejemplo incluyen vehículos inteligentes, aparatos *smart wearable*, o robots inteligentes, entre otros.

Un concepto de IA "central" que casa con el expuesto por la firma de investigación de mercado CB Insights, que los define como aquellos centrados en una IA de propósito general, aplicable a través de una variedad de industrias.

Subrayar, como referencia del mercado mundial, que un informe del Instituto Global McKinsey determinaba un valor entre USD 126 y 644 billones para el mercado global de IA para el año 2025.

¿Cuál es la posición de China respecto de otros países?

EE.UU. es el país líder en el mundo en IA, y su programa, siempre tan épicos, *"Defend the lead, America"* ("defiende el liderazgo, América"), sería el conjunto más comprehensivo de programas y estrategias en IA, que afectará al conjunto de la humanidad.

Con respecto a la UE, sus proyectos "Cerebro Humano", creado en 2013, y "SPARC", constituyen el más importante proyecto del mundo, a diez años, en investigación del cerebro humano.

Japón, en los últimos 30 años, se ha centrado en crear un "robot super poderoso", y tiene el mayor número de robots, equipos robóticos y manufactureros de este campo en el mundo.

En contraste, Reino Unido pretende ser un líder global en estándares éticos para robótica y sistemas de IA que, como es habitual, busca liderazgo en la regulación legal de la inteligencia artificial.

Pero esto puede cambiar, con China mirándose en el espejo y estrategias estadounidenses. De hecho, ya en su informe del XIX Congreso del partido comunista de 2017, el presidente chino Xi Jinping – reforzado en su poder absoluto en el XX Congreso celebrado en 2022 – reiteró sus sueño de que China se convirtiese en una superpotencia en ciencia y tecnología. En consecuencia, el desarrollo de la IA es desde entonces un punto central. Sin duda, reforzado por la victoria del Google *DeepMind AlphaGo* sobre Lee Sedol, considerado el más grande maestro de Go, un juego no practicado en occidente, pero que es exponencialmente más complejo que el ajedrez, y que entrañó un potente toque de atención al más alto nivel de las autoridades chinas – pues China inventó el Go –, en relación al potencial de la IA.

Por citar algunos principales, en 2017, el Consejo de Estado publicó el "plan para el desarrollo de la nueva generación de IA", atribuyendo inversiones y señalando la prioridad china en el desarrollo de la IA. Un plan con específicos objetivos comerciales y de industria: alcanzar, para el año 2030, un trillón de remimbi (150 billones de dólares americanos, aproximadamente) en la industria de IA, y diez trillones de remimbi (1.5 trillones de dólares) para las industrias relacionadas. Un esbozo tan central como su ambición, pero que no es más que una parte dentro del cuadro tecnológico general marcado por el gobierno chino, para alcanzar el liderazgo mundial, también en IA.

Por ejemplo, ya en 2016 – antes de la victoria clave de la IA de Google sobre el mejor jugador de Go – el "XIII plan quinquenal para el Desarrollo de la Industria Nacional Estratégica e Industrias Emergentes", colocaba a la IA como sexta prioridad, entre las 69 mayores tareas determinadas por el gobierno central. Algo que añadía a la iniciativa "internet plus", de 2015, que buscaba crear un mercado de IA de cientos de billones de RMB, o el "Plan de Desarrollo de la Industria Robótica" (2016-2020), que fijaba producir más de 100.000 robots industriales anuales desde 2020, convirtiendo a China en el líder industrial mundial del sector. Eso, además de iniciativas regionales y locales, y de nuevo no olvidemos el tamaño y población de dichas regiones o urbes, superiores a muchos Estados.

Una guía del Consejo de Estado que, como no podía ser menos, presta atención a la IA en relación al armamento, que hoy por hoy se supone son la mitad de las capacidades estadounidenses.

Aspecto importante, comienza a haber una discusión sobre principios éticos y privacidad en la IA china (Tencent, propietario de WeChat, ha publicado una guía que llama a una mayor preocupación en los aspectos de seguridad referentes a la IA), aunque a día de hoy no hay consenso en relación de a donde se quiere llegar. Además, China aúna la IA con otras estrategias e industrias, como la biotecnología y distintas industrias en el área sanitaria.

Como ejemplo, solo en 2016, empresas chinas – no olvidemos que los bancos principales en China son públicos, y no hay movimiento financiero significativo sin conexiones políticas – adquirieron empresas extranjeras de esos sectores por un valor récord de 3 billones de dólares americanos, un verdadero transfer de tecnología. Eso, aunque China contribuya muy poco en investigación fundamental: solo 2.5% de las nuevas moléculas descubiertas entre 2007 y 2015 vinieron de China, comparadas con el 56.3% provenientes de EE.UU.

En cualquier caso, ¿cuál es el objetivo final? Como siempre en China, "liderar" el mundo, también en este sector vital; siendo plenamente conscientes de las capacidades de los países principales, pero específicamente con el ojo puesto en EE.UU., que marcará cuánto invierte China, y en qué sectores, dentro del antagonismo competitivo entre ambas superpotencias.

Subrayar que, en 2020, el informe preveía un volumen de la industria de IA china de RMB 150 billones. O sea, un incremento diez veces superior en tres años.

En relación a los componentes, cuatro factores dirigen su desarrollo global: (1) hardware en forma de chips para formación y ejecución de algoritmos de IA; (2) capacidad de datos como un input para esos algoritmos (y ahí China está a la vanguardia del mundo); (3) investigación y desarrollo de algoritmos, y (4) el ecosistema comercial de la IA, facilitado en China por su cadena vertical de producción, que alimenta el planeta en todos los sectores de producción, y podríamos decir tiene una mentalidad eminentemente práctica, orientada a los negocios, para generar beneficio económico.

Como rasgos generales, la ciencia china continúa teniendo un apoyo e intervención masivos del Estado, que recluta talento e invierte a largo plazo. Una estrategia imbricada además en la sociedad, también en sus aspectos comerciales, lo que – junto al tamaño de su mercado interno – provoca gigantes tecnológicos con capacidad internacional, y un gran número de vigorosas *startups*, pequeñas o medianas compañías (para estándares chinos), cuyos avances convergen en las grandes empresas y, en una perspectiva más amplia, en la estrategia nacional. Por supuesto, China continúa enviando a sus estudiantes – al tiempo que recluta expertos extranjeros – a los mejores centros de formación mundiales, y estimula la cooperación de sus empresas con otros países, para adquirir o contrastar tecnología.

¿Algunos ejemplos notorios de fichajes a la vanguardia mundial? La lista sería tan larga como 1.510 científicos de 6.200, en solo tres años: Andrew Chi-Chih Yao, un ganador del prestigioso premio Turing, renunció a la nacionalidad estadounidense y ahora investiga "Teoría del desarrollo de IA", en China; Tim Byrnes, físico australiano, trabaja en la NYU de Shanghái para desarrollar un ordenador cuántico; Zhang Liang-Jie, antiguo investigador en IBM Watson, investigará IA y realidad virtual como científico jefe en la empresa de software del grupo Kingdee, en Shenzhen; Zenglin Xu, antigua investigadora asociada en la Purdue University, y que ahora comanda la máquina de inteligencia estadística y el laboratorio de aprendizaje de la Universidad de Ciencia Electrónica y Tecnología de China, atraída por el programa "10.000 talentos", para fichar a jóvenes académicos – con salarios hasta un 150% superiores a lo que obtendrían en los EE.UU.

Mencionar que la diáspora científica de origen chino supera los 400.000 académicos y científicos en el extranjero. Un caudal que reforzará la apuesta por la formación a largo plazo dentro del país, fomentada por el Consejo de Estado, a través de institutos tecnológicos, e imbricada además en la industria, permitiendo a los profesionales conocer la empresa privada y experimentar las aplicaciones prácticas de sus áreas de formación o investigación.

Igualmente, China promueve la creación de campeones nacionales, con soporte financiero, que ya ha producido frutos: Baidu, o *startups* como Cambricorn, ya están diseñando chips específicos para algoritmos de IA.

En efecto, en 2014, China promulgó una política nacional de semiconductores, con fuerte apoyo financiero, que daba prioridad a la creación de "campeones nacionales", como el mencionado Tsinghua Unigroup. En octubre de 2017, anunció un proyecto para chips necesarios para redes neuronales artificiales; uno de los trece proyectos tecnológicos "transformativos" que deberían dar fruto antes de 2021; con mención específica del chip de Nvidia M40 (norteamericano), como objetivo a superar tanto en capacidad como en eficiencia energética.

Una expansión que, junto a la compra estimulada por el gobierno chino de empresas extranjeras de alta tecnología, trajo preocupación tanto en EE.UU. como en la UE, sobre todo en la industria de semiconductores, aunque no limitado a esta. Con ambas administraciones remarcando las restricciones chinas, que circulan en paralelo, para acceder a su mercado de alta tecnología. Lo que llevó a los EE.UU. a prohibir la venta a China de productos Intel y otros fabricantes de chips estadounidenses, además de bloquearse adquisiciones por fondos estatales y empresas chinas de firmas estadounidenses y, dentro de la UE, europeas, sobre la base de la seguridad nacional; que en la UE se detalló específicamente en áreas como la IA, robótica, semiconductores, tecnologías con potencial uso dual, ciberseguridad, y tecnología espacial o nuclear.

Agravado por la conciencia internacional de que China ha hecho avances muy importantes en la fabricación del hardware necesario de la supercomputación; ya por delante de los EE.UU. en instalaciones de ese género, 167 en China por 164 en EE.UU., a junio de 2016.

Con China poseyendo empresas líderes mundiales en el diseño de chips para la IA. Como por ejemplo Cambricon, una startup respaldada por el Estado, que ha logrado chips seis veces más rápidos que la estándar GPU para las aplicaciones de aprendizaje profundo, con un consumo energético mucho menor, además equipadas con una "unidad de procesamiento neuronal". O la celebérrima Huawei, que ha adelantado a Apple en los chips para móviles.

O sea, en la competición mundial por la preeminencia, todas las partes son conscientes de la necesidad de no abrir las puertas propias al rival, lo que hace crecer la desconfianza, proteccionismo y nacionalismo tecnológico, de especial agudeza en China.

Lo que en la práctica no hace sino seguir toda la estrategia industrial aplicada desde la apertura del régimen con Deng, basada en la zanahoria y las posibilidades de su inmenso mercado interno, la adquisición de saber hacer extranjero, obligando a constituir empresas mixtas, adquisiciones y formación de cuadros en el extranjero.

Alcanzar el saber, primero a través del menor precio, para luego buscar la excelencia, dominar la base industrial, y luego el comercio y la finanza, pasos previos a la supremacía militar, en la óptica tradicional.

Un proteccionismo que se extiende a los datos, pues la ley de ciberseguridad de 2017 impide a las firmas extranjeras guardar datos de consumidores chinos fuera de China, lo que sin duda será otro escalón más para crear un mundo de bloques, además de los diferentes estándares industriales.

Eso sí, los "campeones nacionales" – en China, principalmente Baidu, AliBaba, Tencent e iFlyTek – pueden tener las ventajas de apoyo estatal (solo en startups, el gobierno chino ha invertido más de un billón de dólares USA) y acceso a enormes bases de datos públicas, pero por definición restringen la competencia, y por tanto la innovación y mejora de los productos. Como muestra del control estatal, más de 35 grandes empresas tecnológicas chinas, incluyendo Baidu y Sina, han creado comités del partido dentro de las compañías, que evalúan si las políticas de las empresas siguen las directrices del partido comunista; lo que equivale a decir el politburó y, en última instancia, el líder del país.

En última instancia, el modelo de asociación público-privado, copiado de las iniciativas que convirtieron a Israel en un *hub* tecnológico, y anteriormente los modelos desarrollistas de Japón o Corea del Sur, bien es cierto que enfocados estos a la industria en general, con un fuerte componente estatal y proteccionismo en sus inicios, será un test del éxito o fracaso chino en la IA. Aunque, en cualquier caso, es evidente que China aplica una visión a largo plazo, para impulsar la IA y que afecta al conjunto del país por entero, y que de algún modo es intrínseca con su amplio sentido histórico, profundamente anclado en su sociedad y dirigentes.

Como no podía ser menos, en ese contexto, el Consejo de Estado chino considera la IA como un elemento "irremplazable" para salvaguardar la "estabilidad social", cuyas raíces vienen de la memoria histórica – las luchas internas e invasiones y colonias extranjeras, que llevaron al caos social, pobreza, y pusieron a China de rodillas – y, más allá, en conceptos confucianos de larga data. "Hacia ese fin, China integrará la IA a través de un amplio espectro de servicios públicos, incluyendo los servicios judiciales, el cuidado médico y la seguridad pública. Ya, Shanghái pilota un sistema de IA que revisa la validez de la evidencia en casos criminales.

Además, altos funcionarios del gobierno central han alabado el valor de la IA para políticas que establezcan medidas predictivas, una aproximación que algunos académicos han etiquetado como "Leninismo Digital".

Por supuesto, las técnicas de IA pueden ayudar a los censores chinos para establecer patrones de censura basados en el análisis masivo de datos de comunicaciones."[59]

Y eso nos lleva a la vertiente securitaria, pues también ahí la IA definirá el futuro.

Este noviembre de 2022 se aprobó la ley de Establecimiento del Sistema de Crédito Social. ¿Qué es eso? Un plan que primero se anunció en 2014 para construir un sistema que recompensara las acciones "que construyen confianza en una sociedad", penalizando los comportamientos "antisociales".

"Este sistema – ya en marcha desde antes de la citada ley – monitorizaría y evaluaría de forma constante las actividades de cada ciudadano chino, estableciendo el nivel de confianza que merece. Una puntuación que, por ejemplo, afectaría a la habilidad para obtener una hipoteca, un trabajo, o buscar un determinado colegio para los hijos. Sin duda, la IA automatizaría la compilación y análisis efectivo de cantidades de datos hasta ahora impensables. Unido al uso que el ministerio de seguridad pública realiza de la mayor base de datos de reconocimiento facial, con sofisticados, y caros, medios técnicos de vigilancia que ya se están experimentando en Xinjiang. Y aunque hay varios programas locales operativos, más avanzados, su implementación nacional está en pañales, y todavía depende del apoyo y *expertise* de las compañías tecnológicas privadas."[60]

Zeyi Yang, en la *MIT Technology Review*,[61] cree que el sistema no es tan malo como lo pintan, y que el gobierno chino pretende regular la industria de crédito financiera, capacitar a las agencias gubernamentales para compartir datos, y promover "valores morales sancionados por el Estado". Un objetivo vago que, reconoce, podría dar pie al abuso de derechos individuales.

Y existen dudas, porque los gobiernos regionales han ido más allá, y el gobierno central ni ha llegado al final, ni ha expuesto qué pretende con exactitud. Hasta ahora, según Jeremy Daum, de la Univ. de Yale, el sistema ha ido por delante de unas leyes opacas.

¿Qué es el "crédito social"? Dos cosas, basadas en el comportamiento del individuo: el valor que uno tiene para obtener un crédito bancario, y su valor "social".

¿Qué se precisa? Primero, una enorme base de datos – para 1.400 millones de almas – que pueda ser usada por distintos ministerios, con especial énfasis en el aspecto securitario, censor permanente en internet.

Segundo, la cooperación de las tecnológicas chinas. Por ejemplo, Tencent, y el control de WeChat; *Alibaba*, que ayuda a los tribunales transmitiéndoles información de envíos y comentarios, o *Douyin*, versión local de *TikTok*, que (con sus videos) coopera para avergonzar a los infractores.

El gobierno chino defiende que el castigo por incumplir el crédito social, estimula respetar la moral y las leyes. Por ejemplo, el uso de pornografía, juego, conducir bebido, reyertas, usar VPN, emitir rumores o críticas en internet, son comportamientos "amorales", que restan puntos. En su nivel más bajo, perderlos puede suponer no poder cambiar de ciudad, o tomar transporte público.

Aún, es usual que los funcionarios, sobre todo en el ministerio del interior, muestren excesivo celo (como con el Covid); máxime, cuando las normas legales son vagas e imprecisas. Pues, ¿cómo fijar la "honestidad" y los comportamientos "morales"?

Hablando de un Estado totalitario, los tribunales han procurado que vecinos, amigos y familias testifiquen contra los encausados "desacreditados", a cambio de favores, o méritos para ingresar en el Partido. ¿Contribuyes a hacer tu comunidad más segura y confiable? Esa sería una pregunta tipo, para colaborar.

Sin embargo, según Yang, no parece que, a día de hoy, se utilice masivamente la IA en el sistema de crédito social; salvo con uigures y tibetanos, que deben tener un móvil con WeChat, con la ubicación GPS encendida, y por supuesto tienen prohibido VPN y comunicar con sus familiares en el extranjero. En el caso uigur, se han visto casos de individuos llevados a reeducar por asistir a la mezquita.

Además, en toda China las cámaras de seguridad son ubicuas (había más de 200 millones en 2018, y se preveían más de 600 millones en 2020), y combinan reconocimiento facial preciso, carné de identidad, vehículo, salud, planificación familiar, historial bancario, antecedentes penales, examen biométrico y también la manera particular de caminar de cada individuo, que elevan la identificación (aun con mascarilla) hasta casi el 100%: la policía presume que en las ciudades principales puede encontrar a alguien en minutos. De hecho, uno debe atravesar continuos controles en estaciones y cruces, con cámaras que registran el paso de cada individuo o vehículo, día y noche. En la oscuridad, flashes como libélulas, que recuerdan que somos vigilados, permanentemente.

Ahora, imaginemos que añadan la navegación web, pagos con visa, viajes, religión, redes sociales y control de mensajes, suyos y de su círculo relacional. ¿Qué podría ocurrir cuando se refine aún más la IA, cruzando bases de datos inmensas e intemporales?

¿Busca China, aun de forma instintiva, en su obsesión de estabilidad y armonía social confucianas, el poder máximo para configurar la sociedad – en su lectura benevolente, el *singleton* para asegurar el régimen global, que refería Bostrom?[62]

¿Control social para una mejor sociedad, minando las conductas antisociales, o saludos a Orwell?

En cualquier caso, "la relevancia de la IA para los intereses centrales chinos, y su receptividad en relación al nivel de ética y seguridad en IA tendrán consecuencias globales. La estrategia china de IA podría desencadenar competición militar en IA, sobre una nueva tecnología estratégica.

En un evento organizado por el Centro para la Seguridad de la Nueva América, el anterior Secretario para la Defensa Bob Work y el precedente presidente ejecutivo de Alphabet, Eric Schmidt, urgieron al gobierno estadounidense para responder al plan chino de IA, con una estrategia propia. De hecho, una referencia a China, ganando "las batallas de algoritmos", se abrió paso en la memoria del Consejo Nacional de Seguridad, en relación a áreas en principio no conectadas, como la red 5G, con el Presidente Trump.

En efecto, el sueño chino de IA podría situarse en el centro del orden económico internacional. Y en el ámbito de la gobernanza social, los desarrollos chinos en IA podrían proveer un modelo de "robusto autoritarismo", que podría ser atractivo a un número significativo de Estados.

Al mismo tiempo, China podría también contribuir en positivo a la gobernanza pacífica y un conjunto de normas éticas para las tecnologías de IA. Por ello, una valoración de su estrategia en IA es (y será) esencial para descifrar cómo China realizará su sueño de IA."[63]

GOBIERNO, ADMINISTRACIÓN E INTELIGENCIA ARTIFICIAL

La Inteligencia Artificial tendrá también una influencia directa en la Administración.

Según Hila Mehr,[64] del *Harvard Ash Center Technology*, pronto interactuaremos con nuestros gobiernos del mismo modo que ya lo hacemos con *Siri*, *Netflix*, o cualquier chat de ayuda online. ¿Por qué? Porque la mayor parte de la comunicación administración-ciudadano versa sobre estas categorías: respuesta a preguntas, búsqueda y redacción de documentos, traducción, y remitir las peticiones a otros departamentos competentes. Campos donde la IA podría hacer el trabajo de la Administración más eficiente y liberar tiempo a los funcionarios (que queden) para desarrollar mejores relaciones con los ciudadanos.

Para lograr la incorporación de la IA, Mehr propone seis estrategias: hacer que la IA sea parte de un programa centrado en los ciudadanos y basado en objetivos claros; obtener comentarios permanentes de los ciudadanos (para corregir fallos y mejorar el servicio); construir sobre recursos anteriores; tener los medios técnicos para tratar una cantidad ingente de datos (*big data*), y salvaguardar la privacidad; mitigar los riesgos éticos y evitar que la IA "decida sola"; por último, aumentar empleados y no utilizar la IA para reemplazarlos.

¿Es este último punto posible? Según la Universidad de Oxford no, porque en menos de cien años deberíamos estar libando cocos en la playa, con todos los empleos automatizados.

Para empezar, *Accenture* estima que la IA tiene el potencial de doblar los ratios de crecimiento económico para 2035. Bien, pero ¿será otro número inútil, que se acumule en pocas manos, o servirá para mitigar la pobreza de la mayoría y deriva de las clases medias, donde las hay? En relación a la Administración, ¿será útil para reconvertir al exceso de funcionarios afectados por la IA, con formación o jubilaciones anticipadas?

Si sirve de referencia un lugar avanzado, se prevé que, a corto plazo, la generalización *inicial* de la IA en la administración del estado de Nueva York suponga el fin de contrato para una cifra entre el 11% y el 33% de los funcionarios.

La consultora *Deloitte* estima que la automatización del gobierno federal americano, en relación a las tareas de sus funcionarios, podría ahorrar entre 96.7 millones y 1.2 billones de horas anuales, con un ahorro contable en empleados de entre 3.3 billones y 41.1 billones de dólares, respectivamente. Como ven, se trata de una horquilla tan amplia, que si juzgara la IA probablemente despediría a su autor.

Además del análisis de *big data* y la automatización, la IA brillará a través del "*aprendizaje profundo*", como en todos los sectores. Con la primera ola centrada en responder cuestiones puntuales y solventar problemas básicos de los ciudadanos. La segunda, más predictiva, con la IA preguntando al ciudadano, como un funcionario, para solucionar tareas administrativas habituales. La tercera, en 10 ó 15 años, cuando la IA ya no sea solo predictiva, sino que se apoye en una ingente base de datos intersectorial y la propia experiencia (programación y sobre todo la acumulación de autoaprendizaje sin cese). Permitiéndole mejorar sus respuestas en campos como traducciones, reconocimiento facial o atención *online* individualizada (teniendo acceso al historial y necesidades del administrado), que además podrían incluir recordatorios y envíos de información personalizada; ofreciendo alternativas, por ejemplo, en relación a sus obligaciones fiscales o derechos.

Para concluir, la IA coordinará la respuesta a emergencias, Aduanas, bajará los costes de la educación pública y mejorará su calidad (con tutores personalizados y mejor formación); atajará los ratios de criminalidad – con programas especializados de seguimiento y reinserción –, coordinará infraestructuras, anticipará ciberataques y, por supuesto, manejará el personal y las páginas web de la administración.

Ahora, ya podemos imaginar qué impacto tendría que los altos niveles de los gobiernos pudiesen tener un conserje que no para de aprender y mejorar, mientras trabaja para cientos de millones de ciudadanos.

VENTAJAS DE LA INTELIGENCIA ARTIFICIAL

Seamos optimistas. La inteligencia artificial (IA) podría arreglar el mundo, si somos hábiles. Erradicar la pobreza y la carga del trabajo, alargar y mejorar la vida, la participación ciudadana y las funciones de gobierno, minorar o suprimir el crimen, y muchas otras cosas, de las que las siguientes no serían más que un mero esbozo, pues las posibilidades serán exponenciales, si preparamos la IA con bases éticas y objetivos correctos.

1) La IA posibilitará una revolución en el transporte, con automatización de la aviación, la conducción y la logística; probablemente no contaminantes y sin accidentes.

2) La IA hará posible el procesamiento de una cantidad inimaginable de información (*big data research*), destapando conclusiones hasta entonces ocultas a la Administración, la medicina, el derecho, el sistema educativo, la contabilidad, la banca y los negocios, por citar algunos; resolviendo las tareas más complejas con eficiencia.

¿Le suena distante? Ya dijimos que en 2052 una máquina estará al nivel del mejor neurocirujano, según la mayoría de expertos en IA consultados por el Instituto para el Futuro de la Humanidad, de la Universidad de Oxford.

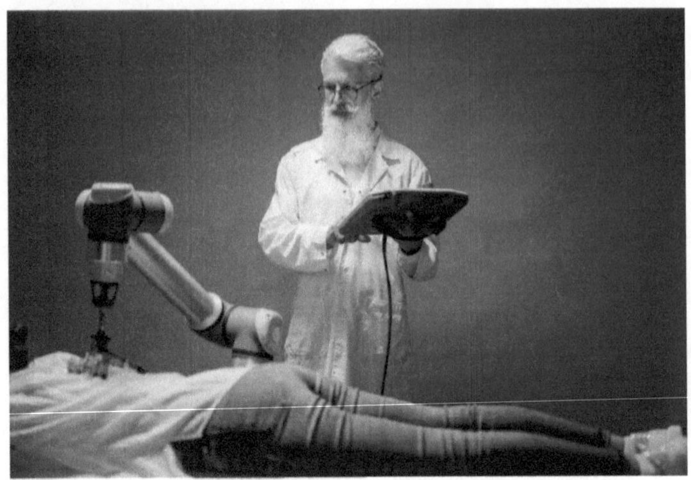

(foto: Pavel Danilyuk, Pexels)

Pero ya hoy, en enero de 2023, se ha presentado un "robot abogado" para representar a sus clientes en juicios; analizando la causa, las evidencias presentadas, y aconsejando al cliente qué debe decir y qué no, igual que haría un abogado, sobre todo en el sistema de derecho común anglosajón, que necesita una cantidad ingente de interrelación de sentencias anteriores. Algo solo al alcance de brillantes abogados con larga experiencia, normalmente en despachos importantes que cuentan con amplios equipos, pero que la IA pondrá al alcance de cualquiera, una vez programada y actualizada regularmente, igual que hoy hacen los despachos, recibiendo el Aranzadi.

Este robot prototipo ha sido desarrollado por la firma "DoNotPay", y su fundador y CEO Joshua Browder ha anunciado que planean comercializarlo como una aplicación de móvil.

3) Perfeccionará los sistemas de relación con clientes, incluso detectando sus estados de ánimo. Sin cansancio, con información precisa, y usando el tono adecuado para cada individuo.

Una a esto que los pedidos se pasarán a través de la IA de la empresa, por lo que comerciales, agentes, atención comercial, etc. podrán ser sustituidos por la IA.

4) Será una revolución en la educación, con la IA actuando como tutores personalizados, que permitirán ayuda específica a los alumnos con dificultades. Con una educación *online* masiva, que alcanzaría el último rincón del planeta; descubriendo una cantidad ingente de talento, hasta ahora arrinconado por la pobreza y la falta de recursos educativos, para la mitad de la humanidad.

5) En las finanzas, la IA se extenderá a todos los roles, incluyendo la asistencia individual para manejar correctamente las finanzas; analizando salarios, saldos y hábitos de gasto, y probablemente permitiendo el fin del dinero físico.

Instituciones financieras, bancos y portafolios integrarán tecnología de IA; que también dominará las operaciones bursátiles, infinitamente más rápidas que las realizadas por humanos.

6) Para hospitales y medicina, la IA augura una revolución. No solo analizando bases de datos para recomendar las mejores terapias, dando insulina o medicación, sino detectando enfermedades antes de que aparezcan, posibilitando y realizando cirugías de vanguardia, descubriendo nuevas drogas, y asistiendo con robots y cámaras 24 horas a pacientes dependientes.

7) En manufactura, comercio y todo tipo de tareas repetitivas, la IA sustituirá al hombre, con mayor eficiencia.

8) Igualmente, la IA permitirá que numerosos sensores tecnológicos soporten todo tipo de industrias manufactureras y ciudades inteligentes. Combinados con el internet de las cosas, y utilizando ingentes cantidades de datos que optimizarán procesos, que incluirán el control de las condiciones de tráfico aéreo y terrestre, la meteorología, la gestión de desastres, la optimización de agua y cultivos.

9) En periodismo, la IA podría aliviar los informes financieros, constituiría una inmensa base de datos y facilitaría una ingente capacidad de análisis y documentación. De modo gráfico, la IA

sería una suerte de Wikipedia, pero infinitamente mayor. Con capacidad de extender su saber de forma general al minuto, interrelacionarlo en todos los idiomas, evaluando todo lo que se publica en todos los campos del saber, y al tiempo suministrar información de cualquier área.

10) Para concluir, la IA tendrá la capacidad de terminar con la maldición lingüística de Babel: la humanidad podrá entenderse de forma instantánea, sin barreras de lenguaje o culturales, pues la IA será también capaz de explicar las diferencias sutiles entre las distintas regiones y culturas, condicionadas por el lenguaje.

Puestos a soñar, como hicieran Voltaire y otros pensadores en su día, por delante de su tiempo, si se supiesen diseñar bases de justicia y acuerdos universales, la capacidad de análisis y gestión de la IA autorizaría la supresión de los ejércitos nacionales, sustituidos por una policía universal ya formulada en la propia carta de la ONU, y terminaría con la desigualdad y la pobreza. Diseccionando datos a escala planetaria que permitieran gestionar la necesidad, y asegurar el cobro de impuestos sobre bases equitativas, sin paraísos fiscales.

Resumiendo, según Andrew Onda, antiguo responsable en IBM, la IA podría contribuir a resolver los retos de manejar enfermedades crónicas, reducir pandemias, mejorar la seguridad alimentaria y la agricultura sostenible, incrementar la seguridad pública, controlar las infraestructuras, alargar la vida y proveer cuidado a ancianos y enfermos.

Otro mundo, en el que el Homo Sapiens se habría hecho sabio, y habría usado la tecnología – creación de su intelecto – para arrinconar la violencia y terminar con la miseria.

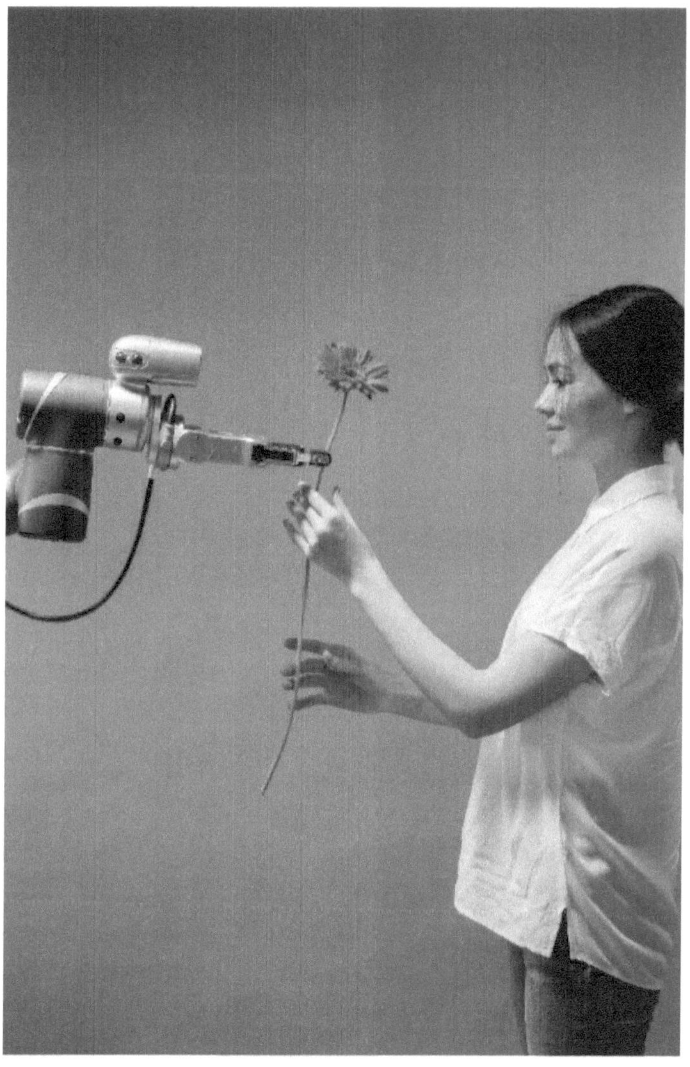

(foto: Pavel Danilyuk)

REFLEXIONES SOBRE INTELIGENCIA ARTIFICIAL

Esta obra ha sintetizado los desafíos de la nueva era de la Inteligencia Artificial (IA), tratando de esbozar pros y contras, según las mentes más preclaras, desde la perspectiva de las ciencias sociales.

Pues la IA será un cambio fundamental, sin parangón en la historia, que en decenios variará el mundo. Para bien o para mal.

Más allá de perspectivas técnicas, utilidades, ventajas e inconvenientes esbozados, la conclusión es que el reto principal somos nosotros, sus creadores. Saber a dónde vamos, qué queremos, para programar el aprendizaje de las máquinas en consecuencia. Porque la IA podría permitir un mundo orwelliano – si no el apocalipsis –, si un tirano la usara en ese sentido.

En consecuencia, es imprescindible dotarla de un suelo ético firme y comprehensivo, intercultural, porque el autoaprendizaje de la IA será una escalera, como todo conocimiento, que precisará un buen diseño y cimientos sólidos. Programarla para construir, no para destruir, y que siempre exista la posibilidad de apagarla.

Y utilizar la IA para eliminar las carencias básicas que hoy torturan a un tercio de la humanidad, si no la mitad. Porque, por definición, la injusticia genera caos, y el caos con Inteligencia Artificial iría más allá del caos.

En un plano más elevado, se trataría de anticipar los escenarios de desarrollo evolutivo, pues la IA es una tendencia inexorable hacia formas más complejas de vida. Con todas las cautelas, pues estudios de referencia han probado la invalidez hasta ahora de las predicciones sobre IA.[65] Lo que por otro lado no deja de ser normal, pues estamos en los albores de una tecnología cuyo alcance total, y velocidad exponencial de progreso, no se han dado en periodo alguno de la historia humana.

Al tiempo, es imprescindible explorar algunos cuadros distópicos que podrían generar los sistemas avanzados e inteligentes de aprendizaje profundo. Ante los que no cabría excluir – y es necesario anticipar – resultados catastróficos para el ser humano u otras formas vivientes. Si bien, de nuevo, a día de hoy estamos imposibilitados de prever lo que aún está por venir.

En esa óptica, es interesante el imaginativo trabajo de Nick Bostrom,[66] que comienza constatando los avances de la humanidad, en todos los órdenes, en los últimos siglos.

Él llama "visión panglosiana" a la idea de que nuestros éxitos evolutivos anteriores producirán resultados deseables. Con mayores niveles de conciencia, complejidad, conocimiento, y una organización coordinada para alcanzar objetivos concretos. Acto seguido, critica esta teoría sobre dos bases principales. Uno, estima que no hay razón para pensar que el amejoramiento pasado fuera inevitable, sin que influyera, por ejemplo, la suerte. Dos, considera que incluso si ese progreso anterior hubiese sido inevitable, tampoco existe garantía de que la tendencia continuaría en el futuro (que, recordemos, la IA acelerará a niveles sin precedentes, en la evolución humana anterior).

Centrándose en el segundo aspecto, Bostrom refiere la posibilidad de extinción humana, digamos, por causas naturales – meteoritos y asteroides, pandemias, desastres astrofísicos, erupciones de super volcanes –, o por causas antropogénicas, como los usos destructores de la nanotecnología molecular avanzada, patógenos diseñados, armas nucleares, experimentos físicos de alta energía, o IA con capacidad elevada de auto aprendizaje, concebida de modo destructivo, o evolucionada como tal.

Separando los cataclismos repentinos, Bostrom presta atención a escenarios que, sin embargo, conduzcan a la desaparición de todas las cosas que nos importan.

Hoy ciencia ficción, como la posibilidad de *"mind uploading"*, en el que tecnologías avanzadas permitirían que los humanos "subiesen" sus mentes, y hiciesen múltiples copias de sí mismos, creando escenarios completamente nuevos en la relación entre hombres y máquinas, y de esos nuevos "seres" entre sí. Pues incluso si se llegase a poseer la capacidad técnica para replicar un cerebro humano, algo extremadamente complejo, esto podría suceder con arquitecturas completamente diferentes.

Distopías especulativas, y por ello no entraremos en ellas, pero sí prestaremos atención a varias reflexiones relevantes colaterales.

Primero, Bostrom pretende disminuir la visión optimista panglosiana, y forzarnos a tomar control de nuestra propia evolución. De forma interesante, arguye que ese mundo necesitaría un solo poder de decisión independiente, al más alto nivel de organización: él lo llama "poder único", o *Singleton*. De algún modo, pero no excluyente, un gobierno mundial. Viendo para ello distintas posibilidades: un gobierno planetario democrático, una máquina superinteligente y extremadamente poderosa y benevolente, un dictador mundial, una alianza estable de poderes liderando el planeta, o incluso algo tan abstracto – para él – como un código moral, general y difuso, que incluiría provisiones para asegurar su propia estabilidad y aplicación.

Considerando Bostrom que el incremento en la transparencia social, proveniente de los avances en tecnología de vigilancia y detectores de mentiras, iniciativas internacionales, o una serie de catástrofes que pusieran de manifiesto las desventajas de un mundo fracturado, podrían facilitar el desarrollo de ese *Singleton*.

Por otro lado, Bostrom hace ver que el mundo tiende hacia una mayor integración política; que, en un mundo altamente tecnológico, de IA, lógicamente culminaría en el *Singleton*, o gobierno mundial. Siendo en cualquier caso obvio para Bostrom que el control de la evolución requerirá coordinación global.[67]

Una proposición que, para no tornarse peligrosa, necesitaría de muchos matices, en relación a sus bases morales y legales para la humanidad, la representatividad y elección, entre otros. Esto es, qué es lo que el *Singleton* nos ofrecería a cambio, cómo se haría, y cuáles serían sus límites e hipotética forma de remoción o modificación, de no cumplir las tareas encomendadas.

Algo especialmente importante cuando el *Singleton* carecería de competidores o contrabalanzas externos. Aunque, a priori, con una ventaja obvia: la supresión de la guerra y el conflicto, que salvaguardaría vidas y recursos.

Pero de forma interesante, la suya es una visión coincidente, de algún modo, con los puntos de vista expresados por este autor, y también por el eminente filósofo del derecho Luigi Ferrajoli, en relación al incremento de la desigualdad, en un mundo globalizado que hace tiempo ha superado la organización política de Westfalia: el Estado nación parcelado. Un mundo que tiende de nuevo hacia la sociedad del privilegio, precisamente beneficiándose de esa segmentación, que en su día derribó la Revolución Francesa.

Con paraísos fiscales y planificación fiscal internacional que conduce a la elusión; oligopolios resultantes de políticas que los permiten, el control de la gran finanza y la tecnología. Y, como corolario, la ausencia de una base laboral global de contenido humanístico y justo.

Con el resultado de una estructura económico-política para beneficio de pocos, como demostró Piketty, entre otros, a pesar de la expansión nominal de los ratios económicos.

Una estructura actual que será inútil, con la irrupción, o disrupción, de la IA. Por otro lado, repetición de la historia, pues todo advenimiento de una nueva era tecnológica, ha conllevado profundos cambios políticos y sociales, que a priori parecieran insospechados.

Un gobierno mundial que, pese al trazo grueso de Bostrom, no tendría por qué ser naif ni de ciencia ficción, sino aprovechar las bases existentes de Naciones Unidas y el fondo moral de las convenciones internacionales de derechos humanos, que en gran medida son herederas del cuerpo social interreligioso, sobre las que volveremos más adelante.

Otra reflexión interesante es el sentido moral de un mundo de máquinas, en una sociedad altamente avanzada en tecnología.

Por ejemplo, ¿cuál sería el lugar para las complejas interrelaciones sociales que el hombre, al menos hasta hoy, ha necesitado, así como la plaza del poder evocador del relato y, más allá, el mito y la religión?

Incluso, ¿cómo replicaría ese mundo tecnológico las diversiones, el ocio o la competitividad en juegos, que en última instancia apelan al sentido de superioridad o excelencia, también ínsito en la humanidad, pero que no necesariamente correspondería a un mundo de una IA superinteligente, que nos exceda?

Otra vez, preguntas a día de hoy sin respuesta, pero que en algún momento la precisarán, si se dan los escenarios de evolución que anticipa el mundo científico.

Con el conocimiento actual, y el rigor sin fantasía, ¿qué se prevé en Inteligencia Artificial? Si seguimos la "biblia" de la IA – los informes de la Universidad de Stanford[68] –, digamos que estamos lejos de producir sistemas generales de IA, aunque han asomado ya tres capacidades clave.

Primero, la habilidad de la IA para aprender, supervisándose a sí misma, con su propia motivación. Llegando incluso a producirse el efecto "caja negra", en el que sus propios diseñadores desconocen los caminos y lógica subyacente del aprendizaje. Un avance que ha posibilitado los progresos en traducción o, por ejemplo, la búsqueda de Google.

Segundo, la capacidad de un solo sistema de IA para aprender de forma continua y solventar problemas de múltiples campos, sin requerir una reprogramación para cada uno de ellos.

Tercero, la habilidad de un programa de IA para adaptar el conocimiento que el sistema ha adquirido para una situación nueva, en diferentes áreas. Lo que, añadido a la llamada "motivación intrínseca", abre vías ambiciosas de conocimiento.

Si bien Stanford no prevé que la IA se acerque a las habilidades humanas de forma inminente, detalla que son remarcables los avances en visión, imagen y generación de video, reconocimiento y procesamiento de lenguaje, sistemas múltiples, toma de decisión, integración de visión y control motor para robótica, juegos, diagnóstico médico, sistemas logísticos, conducción autónoma, traducción o asistencia personal interactiva.

Quizá – consideran –, el reto más inspirador es construir máquinas que puedan cooperar con los humanos de forma fluida, integradora. Respetando valores y preferencias humanas complejas.

Un desafío que nos devuelve a la necesidad de colaboración entre tecnología y ciencias sociales; entre ingenieros, filósofos y juristas.

Como ejemplo de derrota anticipada, Stanford estima naif pretender lograr un esquema de valores universales que pudiese ser incorporado en los sistemas de IA. Digo derrota, porque esos valores ya existen, de modo formal: la Declaración Universal de los Derechos del Hombre y el resto de convenciones de derechos humanos de la ONU, aprobadas por una mayoría aplastante de países. Por tanto, moralmente representativas de lo que la humanidad considera "justo". Siendo, detalle no menor para su aceptación intercultural, herederas en valores del núcleo de las distintos credos y tradiciones religiosas.

En paralelo, el mundo de la IA – precisamente por su capacidad de exclusión, que sería la puntilla a lo que lleva sucediendo siete décadas – deberá ofrecer soluciones para terminar con la desigualdad y la miseria. Condición *sine qua non* para que los avances sucedan en positivo.

Porque, ciñéndonos a la desigualdad, la miseria e injusticia, caldo de guerras, hasta ahora la IA no ha tenido un impacto directo, pero todos las voces autorizadas apuntan que lo tendrá, y será enorme.

Volviendo la vista al pasado, la Torre de Babel ancló en sus idiomas a hombres que no salían de sus valles, físicos y mentales. En una coraza de ignorancia y desconfianza que será arrasada por la inteligencia artificial. Que, con sus traductores simultáneos, y su caudal de conocimiento en inmensas bases de datos, accesibles a todos (esperemos), recopilará el saber humano y progresará exponencialmente. Otro mundo.

En Europa, por siglos nos hemos creído el eje del planeta, a menudo para desgracia de otros. Con poca atención a las tradiciones "foráneas", fuera de círculos especializados. Pero un estudioso de las formas de organización social, y en última instancia del sentido moral de la justicia, tan a menudo tocante a la divinidad, debería hacerlo. Y esa curiosidad llevará a India; *matria* de conceptos fundamentales de la humanidad, trasladados luego a las religiones monoteístas y a deslumbrantes filósofos, como Séneca.

India es crisol de filosofía, y discusión moral. Fascinada por el poder evocador del relato, y su simbolismo. Hogar de todas las religiones "mayores", y cientos menores, que, necesariamente, penetraron sus textos legales.

A riesgo de simplificación, y con permiso de los 200 millones de musulmanes, sijs, etc., India es hinduismo y, al tiempo, bebe del budismo, un credo que crearon y casi desapareció allí, *manu militari*. Plasmadas en dos grandes corrientes legales históricas: el *Manusmriti* (o leyes de Manu; *Mānava-Dharmaśāstra*), biblia legal del brahmanismo, y la tradición *Shramana*, ambas anteriores al derecho romano, de recorrido e influencia fascinantes.

El Manusmriti es un texto legal principal del hinduismo, con reglas detalladas de organización social, que en la antigua India (y allende) permeaba cómo debía regularse la sociedad. Un conjunto de manuscritos por momentos contradictorio, por las adiciones ocurridas durante siglos, pero que sigue aspectos básicos hinduistas; por tanto, contrario a la igualdad. Manteniendo la jerarquía de castas, o *varna*, del hinduismo, que colateralmente niega los principios de libertad y fraternidad, por el determinismo social: *Brahmanes* (sacerdotes, profesores), *Kshatriyas* (guerreros, administradores), *Vaishyas* (comerciantes, agricultores) y *Shudras* (sirvientes y trabajadores), a su vez divididos en múltiples subcategorías.

La tradición Shramana incluía el budismo, el jainismo, Nath, Tantra, Siddha, Shaiva, Siddhanta o Bhakti. Doctrinas socialmente inclusivas, igualitarias y fraternas, pues la filosofía Shramana, y el Buda en particular, aportaron un novel mensaje de igualdad, que oponía el sistema de castas, y que fue depuesto por una contrarrevolución antiigualitaria: el golpe de Estado de Pushyamitra Shunga contra Brihadratha, el último gobernante de la otrora poderosa dinastía budista Mauryan, que instauró el Manusmriti y la estabilización del poder por el sistema de castas.

Bajo ese prisma, la constitución india post británica no es una mera copia del "Libertad, Igualdad y Fraternidad" de la Revolución Francesa, que tanto influenciaría el mundo, sino que bebe de sus propias raíces, muy anteriores. Con sus artículos 14 al 18 como código de igualdad: igualdad ante la ley y la protección legal de todos, e iguales oportunidades en la Administración; abolición de la discriminación social y de los intocables, y la supresión de títulos. O sea, principios Shramana.

En India, una discusión polarizada. Algunos, añorando el Manusmriti, la vuelta legal del sistema de castas, que perdura de facto, empezando por voces del partido hinduista BJP, del primer ministro Modi.

Ahora, más de dos milenios después, elevemos la mirada al mundo interconectado del siglo XXI, que se agudizará con la inteligencia artificial, de nuevo con India como fuente.

Hoy, el Manusmriti, el sistema de castas, serían los oligopolios tolerados y los paraísos fiscales para salvaguardar su riqueza, obviando (o directamente negando, en las zonas francas del tercer mundo) leyes laborales justas, en una economía global. O sea, la sociedad del privilegio, no igualitaria ni fraterna; por tanto, no libre. Con intocables sirviéndoles, y clases medias que se diluyen.

Mientras, los principios Shramana, extendidos en occidente con la Revolución Francesa y cristalizados en las cartas de derechos humanos de Naciones Unidas – tras Roma, y la idea de persona en el cristianismo y el islam –, abogarían por una regulación mundial inclusiva, en un mundo que será uno con la IA. Bases comunes justas, desde la sabiduría de India, y la lección de la historia.

Por supuesto, un modelo separado de los evolucionistas descarnados, cuasi nihilistas, que prosperó en ciertas élites, hasta desembocar en el caos fiscal y corporativo actual. Ese que serviría al más fuerte y preparado, que a menudo coincide con aquellos con mejores conexiones, o que nacieron en lugar adecuado.

Pues, sencillamente, se habría cambiado el paradigma de "la caridad", el "ayudar al débil y menos preparado", por un sentido de justicia a la base de la estructura social. Además, mucho más "liberal" en el sentido de una mayor homogeneidad de las condiciones de partida. Sobre todo, posible porque la IA permitiría que cada uno pudiese desarrollar sus capacidades en aquellas áreas en las que estuviera más dotado, algo impensable en la historia humana, en todas las formas habidas de determinismo social "Manusmriti".

Que, en cualquier caso, de creer a los técnicos, para todos serían menos "capaces" que las habilidades de las máquinas, a cien años vista.

¿Ejemplos prácticos de esa evolución? ¿De derechos ínsitos en la misma condición humana, existentes y reclamables por el mero hecho de nacer, para ser incorporados en el *corpus iuris* de la humanidad, en la era de la IA? Uno sería la instauración de un ingreso mínimo universal, para salvaguardar las necesidades vitales. Algo que ha sido imposible en un mundo dependiente del trabajo humano, pero factible si primara la tecnología y el trabajo realizado por máquinas. Aunque, para lograrlo, al igual que para instaurar el derecho a comer y beber, a la educación, vivienda, sanidad o supresión de la guerra, el mundo segmentado de hoy – dominado por Estados nación que permiten paraísos fiscales, con un poder económico dominante oligopolista, que resultaría asfixiante en la nueva era – no sirve para la IA.

Ese conjunto debería ser el *Singleton*, a la base del gobierno mundial, que apuntaba Bostrom.[69] Con todas las cautelas legales y morales para evitar un gobierno mundial totalitario, opresivo, Orwelliano, con carácter global

El mundo que hemos conocido no nos servirá, como ya no sirve ahora, sin que – miopes en el corto plazo, o la visión parcial – nos demos cuenta. Por otro lado, algo que siempre sucede en cada transición, en todos los cambios de ciclo históricos.

O se muda, con normas universales de base ética, que ya existen hoy sin carácter obligatorio, deviniendo entonces vinculantes para el ejercicio subsidiario del poder, o se perderán las bondades que la IA puede aportar.

Porque, la aparición de la superinteligencia plantea riesgos existenciales, si atendemos a los expertos: la posibilidad de que la humanidad sea aniquilada, o su potencial laminado drástica e indefinidamente. Algo que podría venir de múltiples causas o caminos: permitiendo sistemas de IA que se auto refuercen y limiten el potencial humano; por ejemplo, en un Estado policial global. Alcanzando la supremacía sobre los humanos y sus valores. O actuando con inmenso poder de modo malevolente o con indiferencia a la supervivencia humana, provocando su extinción.

Una posibilidad que podría ocurrir por motivaciones u objetivos mal formulados en su programación, o su propia evolución gradual, con comportamientos enemigos de la raza humana. De hecho, incluso si se asume que la mayor parte de las superinteligencias será "amigable" (*human friendly*) para la humanidad, se hace difícil garantizar que no surgirán superinteligencias peligrosas, a menos que se tomen las necesarias precauciones para evitarlo.[70]

Algo que requerirá atención y estudio permanente desde las distintas ramas del saber, envolviendo a filósofos, juristas, científicos y sociólogos, sin ignorar las profundas consideraciones religiosas que implicará.

Ese el verdadero reto: nosotros, no la IA.

[1] Michael L. Littman, Ifeoma Ajunwa, Guy Berger, Craig Boutilier, Morgan Currie, Finale Doshi-Velez, Gillian Hadfield, Michael C. Horowitz, Charles Isbell, Hiroaki Kitano, Karen Levy, Terah Lyons, Melanie Mitchell, Julie Shah, Steven Sloman, Shannon Vallor, and Toby Walsh. "Gathering Strength, Gathering Storms: The One Hundred Year Study on Artificial Intelligence (AI100) 2021 Study Panel Report." Stanford University, Stanford, CA, September 2021. Doc: http://ai100.stanford.edu/2021-report. Accessed: September 16, 2021.

[2] Khan N, Yaqoob I, Hashem IAT, et al. Big data: survey, technologies, opportunities, and challenges. ScientificWorld-Journal. 2014;2014:712826 ; en John T. O'Brien and Cassidy Nelson. "Assessing the Risks Posed by the Convergence of Artificial Intelligence and Biotechnology." Health Security. Jun 2020.219-227. [http://doi.org/10.1089/hs.2019.0122] (acceso 06 Enero 2023)

[3] Kaplan A, Haenlein M. "Siri, Siri, in my hand: Who's the fairest in the land? On the interpretations, illustrations, and implications of artificial intelligence." Bus Horiz. 2019;62(1):15-25; en John T. O'Brien and Cassidy Nelson. "Assessing the Risks Posed by the Convergence of Artificial Intelligence and Biotechnology." Health Security. Jun 2020.219-227. [http://doi.org/10.1089/hs.2019.0122] (acceso 06 Enero 2023)

[4] Arel I, Rose DC, Karnowski TP. Deep machine learning – a new frontier in artificial intelligence research [research frontier]. IEEE Comput Intell Mag. 2010;5(4):13-18., en John T. O'Brien and Cassidy Nelson. "Assessing the Risks Posed by the Convergence of Artificial Intelligence and Biotechnology." Health Security. Jun 2020.219-227. [http://doi.org/10.1089/hs.2019.0122] (acceso 06

Enero 2023)

[5] Schmidhuber J. Deep learning in neural networks: an overview. Neural Netw. 2015;61:85-117., en John T. O'Brien and Cassidy Nelson. "Assessing the Risks Posed by the Convergence of Artificial Intelligence and Biotechnology." Health Security. Jun 2020.219-227. [http://doi.org/10.1089/hs.2019.0122] (acceso 06 Enero 2023)

[6] Citado en, Thomas M., 7 Dangerous Risks of Artificial Intelligence, 2021, [https://builtin.com/artificial-intelligence/risks-of-artificial-intelligence] (acceso 17 Dic. 2022)

[7] Gary Marcus, 24 Oct. 2013, New Yorker. [https://www.newyorker.com/tech/annals-of-technology/why-we-should-think-about-the-threat-of-artificial-intelligence] (acceso 15 Dec. 2022)

[8] Thomas M., 7 Dangerous Risks of Artificial Intelligence, 2021, [https://builtin.com/artificial-intelligence/risks-of-artificial-intelligence] (acceso 17 Dic. 2022)

[9] ORWELL, George, 1984, Ed. Epublibre, pp. 167 - 273

[10] Office of the Victorian government commissioner. "Artificial Intelligence and Privacy – Issues and Challenges". [https://ovic.vic.gov.au/privacy/resources-for-organisations/artificial-intelligence-and-privacy-issues-and-challenges/] (acceso 17 Dic. 2022)

[11] Katja Grace, John Salvatier, Allan Dafoe, Baobao Zhang, and Owain Evans, When Will AI Exceed Human Performance? Evidence from AI Experts, 2018, Future of Humanity Institute, Oxford University; Department of Political Science, Yale University.

[12] Office of the Victorian government commissioner. "Artificial Intelligence and Privacy – Issues and Challenges". [https://ovic.vic.gov.au/privacy/resources-for-organisations/artificial-intelligence-and-privacy-issues-and-challenges/] (acceso 17 Dic. 2022)

[13] Will Knight. "The dark secret at the heart of AI", MIT Technology Review, 2017, [https://www.technologyreview.com/2017/04/11/5113/the-dark-secret-at-the-heart-of-ai/] (acceso 17 Dic. 22)

[14] Evan Hubinger, Chris van Merwijk, Vladimir Mikulik, Joar Skalse, and Scott Garrabrant. "Risks from Learned Optimization in Advanced Machine Learning Systems". Junio, 2019. (arXiv:1906.01820v3 [cs.AI]) [https://doi.org/10.48550/arXiv.1906.01820] (acceso 05 Enero 2023)

[15] Ídem.

[16] Orseau L., Armstrong S., "Safely Interruptible Agents", The Future of Humanity Institute

University of Oxford, UK. MIRI, Machine Intelligence Research Institute, [https://intelligence.org/2016/06/01/new-paper-safely-interruptible-agents/] (acceso 05 Enero 2023)

[17] THOMAS, M., *'The Future of AI: How Artificial Intelligence Will Change the World'*, Julio 2022, [https://builtin.com/artificial-intelligence/artificial-intelligence-futur] (acceso 18 Dic. 2022)

[18] ABC, Suplemento de Cultura, Entrevista a David Walmsley, Domingo 08 Enero 2023.

[19] Thomas, M. "The Future of AI: How Artificial Intelligence Will Change the World", Julio 2022, [https://builtin.com/artificial-intelligence/artificial-intelligence-future] (acceso 18 Dic. 2022)

[20] Vaticano, el bien común en la era digital. Septiembre 2019, [https://www.vaticannews.va/es/vaticano/news/2019-09/vaticano-el-bien-comun-en-la-era-digital.html] (acceso 21 Diciembre 2022)

[21] Brundage, M., Avin, S., Clark, J., Toner, H., Eckersley, P., Garfinkel, B., Dafoe, A., et al. The Malicious Use of Artificial Intelligence: Forecasting, Prevention, and Mitigation. 2018. Future of Humanity Institute, University of Oxford; Centre for the Study of Existential Risk, University of Cambridge; Center for a New American Security Electronic Frontier; Foundation OpenAI. [https://doi.org/10.17863/CAM.22520] (acceso 07 Enero 2023)

[22] Stuart Armstrong, Anders Sandberg, Nick Bostrom. "Thinking inside the box: using and controlling an Oracle AI". 2012. [https://dl.acm.org/doi/10.1007/s11023-012-9282-2] (acceso 09 Enero 2023)

[23] Ibid

[24] Ibid, p. 5

[25] Ibid, p. 6

[26] Ibid, p. 6

[27] Ibid, p. 7

[28] Ibid, pp. 7 - 8

[29] Ibid, p. 9

[30] Ibid, p. 9 y 12 – 16

[31] Ibid, pp. 22 - 23

[32] "Police in China can track protests by enabling 'alarms' on Hikvision software", The Guardian, 29 Dic. 2022, [https://www.theguardian.com/world/2022/dec/29/china-surveillance-protests-alarms-cameras-hikvision] (acceso 29 Dic. 2022)

[33] John T. O'Brien and Cassidy Nelson. "Assessing the Risks Posed by the Convergence of Artificial Intelligence and Biotechnology." Health Security. Jun

2020.219-227. [http://doi.org/10.1089/hs.2019.0122] (acceso 06 Enero 2023)

[34] World Economic Forum (WEF). Health and Healthcare in the Fourth Industrial Revolution Global Future Council on the Future of Health and Healthcare 2016-2018. Geneva: WEF; 2019. Accessed September 24, 2019. http://www3.weforum.org/docs/

WEF__Shaping_the_Future_of_Health_Council_Report.pdf

Dalmia V, Sharma K. The moral dilemmas of the Fourth Industrial Revolution. World Economic Forum website. Published February 13, 2017. Accessed September 24, 2019. https://www.weforum.org/agenda/2017/02/ethics-2-0-how-thebrave-new-world-needs-a-moral-compass

Mesko B. The role of artificial intelligence in precision medicine. Expert Rev Precis Med Drug Dev. 2017;2(5):239-241.

Oliveira AL. Biotechnology, big data and artificial intelligence. Biotechnol J. 2019;14(8):e1800613.; todos en, John T. O'Brien and Cassidy Nelson. "Assessing the Risks Posed by the Convergence of Artificial Intelligence and Biotechnology." Health Security. Jun 2020.219-227. [http://doi.org/10.1089/hs.2019.0122] (acceso 06 Enero 2023)

[35] Idem, p. 2

[36] Ord Toby, Mercer Angus, Dannreuther Sophie, "The opportunity to transform the UK's resilience to extreme risks". Future of Humanity Institute. The center for long term resilience, Univ. of Cambridge. Junio 2021. [https://docslib.org/doc/2168078/future-proof-the-opportunity-to-transform-the-uk-s-resilience-to-extreme-risks] (acceso 06 enero 2023); también, p. 39

[37] Idem, p. 10

[38] Ibid, pp. 19 - 20

[39] Ibid, p. 24

[40] *Agiletown: The relentless march of technology and London's response.*

[41] [http://www2.deloitte.com/content/dam/Deloitte/uk/Documents/Growth/deloitte-uk-insights-from-brawns-to-brain.pdf] (acceso 12 julio de 2016), pp. 2 y ss.

[42] DING, J. Op. Cit., p. 32.

[43] Ibid.

[44] The Economist: "Made to measure", Technology Quarterly, 30 May 2015, www.economist.com/news/technologyquarterly/21651925-robotic-sewing-machinecould-throw-garment-workers-low-cost-countries-out [acceso 02 Mar. 2016]

[45] Ver, M. Kan: "Foxconn expects robots to take over more factory work", in

PCWorld, 27 Feb. 2015, http://www.pcworld.com/article/2890032/foxconn-expects-robots-to-take-over-more-factory-work.html [accessed 2 Mar. 2016], citado en http://www.ilo.org/public/english/dialogue/actemp/downloads/publications/2016/asean_in_transf_2016_r2_future.pdf, p. 1 (acceso 12 julio de 2016)

[46] OIT, http://www.ilo.org/public/english/dialogue/actemp/downloads/publications/2016/asean_in_transf_2016_r2_future.pdf (acceso 12 julio de 2016)

[47] Ibid, p. 1

[48] De acuerdo al FMI, "el comercio mundial se ha multiplicado por cinco en términos reales desde 1980, y su porcentaje de PIB mundial ha crecido del 36 al 55% en ese periodo", en IMF, (2007), 'Globalisation and Inequality', World Economic Outlook 2007, p. 137, en (<http://www.imf.org/external/pubs/ft/weo/2007/02/pdf/text.pdf>) (acceso 10 Sept. 2012)

[49] The Phnom Penh Post, 11.07.2016, ver http://www.phnompenhpost.com/business/nearly-90-garment-factory-jobsriskautomation-ilo (acceso 12 julio de 2016)

[50] Idem

[51] Estas reflexiones provienen del trabajo previo del autor en, García Fernández, Francisco Javier. "Reflexión sobre el uso de la robótica en la industria de la confección textil camboyana y su posible impacto en el empleo (Some Considerations on the Use of Robots in the Cambodian Garments Industry and Its Possible Impact on Labour)" (Julio 12, 2016). En SSRN: https://ssrn.com/abstract=2808244 or http://dx.doi.org/10.2139/ssrn.2808244

[52] "Así es el primer McDonald automatizado del mundo sin personal que te atienda". ABC, 28 Dic. 2022, [https://www.abc.es/tecnologia/primer-mcdonald-automatizado-mundo-personal-atienda-20221228165901-nt.html] (acceso 30 Dic. 2022); también, "touchscreens, conveyor belts: McDonald's opens first largely automated location". The Guardian, 23 Dic. 2022, [https://www.theguardian.com/business/2022/dec/23/mcdonalds-automated-workers-fort-worth-texas] (acceso 23 Dic. 2022)

[53] Brundage, M., Avin, S., Clark, J., Toner, H., Eckersley, P., Garfinkel, B., Dafoe, A., et al. The Malicious Use of Artificial Intelligence: Forecasting, Prevention, and Mitigation. 2018. Future of Humanity Institute, University of Oxford; Centre for the Study of Existential Risk, University of Cambridge; Center for a New American Security Electronic Frontier; Foundation OpenAI. [https://doi.org/10.17863/CAM.22520] (acceso 07 Enero 2023)

[54] Thomas, M., Seven dangerous risks of Artificial Intelligence. (Jul. 2021). [https://builtin.com/artificial-intelligence/risks-of-artificial-intelligence] (acceso 18 Dic. 2022)

[55] DING, J., op. cit., pp. 31-31.

[56] Armstrong, S., Bostrom, N. & Shulman, C. Racing to the precipice: a model of artificial intelligence development. *AI & Soc* **31**, 201–206 (2016). https://doi.org/10.1007/s00146-015-0590-y (acceso 16 dic. 22)

[57] THOMAS, M., Seven dangerous risks of Artificial Intelligence. (Jul. 2021). [https://builtin.com/artificial-intelligence/risks-of-artificial-intelligence] (acceso 18 Dic. 2022)

[58] Este epígrafe seguirá a DING, J., "Deciphering China's AI Dream. The context, components, capabilities, and consequences of China's strategy to lead the world in AI", Centre for the Governance of AI, Future of Humanity Institute, University of Oxford, March 2018, [https://www.fhi.ox.ac.uk] (acceso 16 Dic. 2022)

[59] Ibid, p. 33.

[60] Ibid, pp. 33 – 34.

[61] ZHANG, Y., MIT Technology Review, "China just announced a new social credit law. Here's what it means". Nov. 2022. [https://www.technologyreview.com/2022/11/22/1063605/china-announced-a-new-social-credit-law-what-does-it-mean/] (acceso 18 Dic. 2022)

[62] Bostrom, N., "The Future of Human Evolution". Future of Humanity Institute, Faculty of Philosophy & James Martin 21st Century School, University of Oxford. 2009. [https://nickbostrom.com/fut/evolution] (acceso 05 Enero 2023)

[63] DING, J. op. cit., p. 34.

[64] Mehr, H., "Artificial Intelligence for Citizen Services and Government", Harvard Kennedy School, Ash Center for democratic government and innovation. 2017

[65] Por ejemplo, Stuart Armstrong, Kaj Sotala and Sean S. Oh Eigeartaigh, "The errors, insights and lessons of famous AI predictions and what they mean for the future." Mayo 2014. [https://www.semanticscholar.org/paper/The-errors%2C-insights-and-lessons-of-famous-AI-%E2%80%93-and-Armstrong-Sotala/c0ec586c4e205b2d1cbd664c919a5a8af3912096] (acceso 06 Enero 2023); también, Armstrong S., Sotala K., "How We're Predicting AI—or Failing To". MIRI, Machine Intelligence Research Institute. In Beyond AI: Artificial Dreams, edited by Jan Romportl, Pavel Ircing, Eva Zackova, Michal Polak, and Radek Schuster, 52–75. Pilsen: University of West Bohemia. [https://

aiimpacts.org/ error-in-armstrong-and-sotala-2012/] (acceso 06 Enero 2023)

[66] Bostrom, N., "The Future of Human Evolution". Future of Humanity Institute, Faculty of Philosophy & James Martin 21st Century School, University of Oxford. 2009. [https://nickbostrom.com/fut/evolution] (acceso 05 Enero 2023)

[67] Idem, pp. 17 - 18

[68] Michael L. Littman, Ifeoma Ajunwa, Guy Berger, Craig Boutilier, Morgan Currie, Finale Doshi-Velez, Gillian Hadfield, Michael C. Horowitz, Charles Isbell, Hiroaki Kitano, Karen Levy, Terah Lyons, Melanie Mitchell, Julie Shah, Steven Sloman, Shannon Vallor, and Toby Walsh. "Gathering Strength, Gathering Storms: The One Hundred Year Study on Artificial Intelligence (AI100) 2021 Study Panel Report." Stanford University, Stanford, CA, September 2021. [Doc: http://ai100.stanford.edu/2021-report.] (Accessed: September 16, 2021)

[69] Ibid, pp. 18 – 19

[70] Stuart Armstrong, Anders Sandberg, Nick Bostrom. "Thinking inside the box: using and controlling an Oracle AI", pp. 1 – 3. [https://nickbostrom.com/papers/oracle.pdf] (acceso 10 Enero 2023)